명통부
明通賦

자평삼명통변연원
子平三命通變淵源

명통부(明通賦)·자평삼명통변연원(子平三命通變淵源)

초판 1쇄 발행 2023년 3월 10일

지은이　　서자평·서대승
옮긴이　　이명재
펴낸이　　김선기

펴낸곳　　(주)푸른길
출판등록　1996년 4월 12일 제16–1292호
주소　　　(03877) 서울시 구로구 디지털로 33길 48 대륭포스트타워 7차 1008호
전화　　　02–523–2907, 6942–9570~2
팩스　　　02–523–2951
이메일　　purungilbook@naver.com
홈페이지　www.purungil.co.kr
ISBN　　　978–89–6291–013–1 (03180)

자 평 명 리 학 의 원 조

명통부
明通賦

서자평(徐子平) 지음

자평삼명통변연원
子平三命通變淵源

서대승(徐大升) 지음

이명재 **옮김**

푸른길

사람이 태어난 연월일시를 기준으로 명운(命運)을 추리하는 명리학은 문헌적으로 동진대 곽박(郭璞, 276~324)이 지었다는『옥조신응진경(玉照神應眞經)』또는『옥조정진경(玉照定眞經)』의 원문을 그 기원으로 본다. 곽박에 의해 창시된 고법명리학은 당·송대의『이허중명서(李虛中命書)』에서 집대성되고, 송대의『낙록자부주(珞琭子賦註)』에서 심화된다.

한편 오대말부터 북송초에 살았던 것으로 추정되는 서자평(徐子平)은『옥조신응진경(玉照神應眞經)』과『낙록자삼명소식부(珞琭子三命消息賦)』를 주석하고,『명통부(明通賦)』를 저술하면서 일간을 命의 주체로 삼는 자평명리학을 창시했다. 그 후 자평명리학은 은밀한 전승과정을 거쳐 남송말 1253년 서대승(徐大升)의『자평삼명통변연원(子平三命通變淵源)』이 책으로 출판되면서 대중에게 전파되기 시작했다.

명대 만민영(萬民英, 1521~1603)은『삼명통회(三命通會)』에서 북송초 서자평부터 남송말 서대승에 이르는 자평명리학의 전승과정을 설명하고 있다. 즉 "자평의 성은 '서'이고 이름은 '거이'이며 자평은 '자'이다. 동해 사람으로 별칭은 사척 선생이고 또한 봉래수라고도 불린다. 태화산의 서쪽 당봉의 동굴에 은거했다. 오대에는 마의도자와 진희이 선생 및 자평이 있었다. 자평이 이허중의 술을 얻어 줄이고 보탰는데, 오로지 오행만을 위주로 하고 납음을 위주로 하지 않으니 이에 이르러 그 술이 한번 변했다. 자평이 죽은 후 송 효종 순희 연간 때 회

순에 충허자라는 술사가 있었는데, 이 술에 능해 세상에서 그를 높였다. 당시 승려 도홍이 그 傳을 은밀히 전수받고 나중에 전당으로 들어와 그 학을 전파하였는데, 세상 사람들은 그 유래는 모르고 단지 자평이라고만 말했다. 후에 도홍이 서대승에게 전했다." [1]

위의 만민영 글을 보면, 자평명리학은 북송초 서자평 → 충허자 → 도홍 → 남송말 서대승에 이르는 동안 일반 대중에게는 전파되지 않고 극히 소수의 사람에게만 비밀리에 전승되었음을 알 수 있다. 창시자 서자평을 계승한 서대승(徐大升)은 서승(徐升)으로도 불리고 있는데, 정확한 생몰연대는 미상이다. 북송초 10세기에 살았던 서자평과 남송말 13세기에 살았던 서대승의 생존연대는 약 300년의 차이가 난다. 따라서 자평명리학 창시자 서자평의『명통부』와 이를 계승한 서대승의『자평삼명통변연원』은 그 학술적 가치가 매우 크다고 할 수 있다.

서자평의『명통부』는 낭송 목적으로 지어진 문체로서 내용상 102개로 구분할 수 있으며, 명대 만민영이 편찬한『삼명통회』에 수록되어 전해지고 있다.

서대승의『자평삼명통변연원』은 정작 중국에서는 전해지지 않고 한국에서만 보존되어 온 귀중한 자료이다. 그 이유는『자평삼명통변연원』이『徐子平』이라는 명과학의 시험과목으로 조선조 초기부터

---

1)『三命通會』,「子平說辯」: 子平姓徐, 名居易, 子平其字也. 東海人, 別號沙滌先生, 又稱蓬萊叟, 隱於太華西棠峰洞. 五代時有毓衣道者, 希夷先生及子平. 子平得虛中之術而損益之, 專主五行不主納音, 至是則其法又一變也. 子平沒後, 宋孝宗淳熙, 有淮甸術士號沖虛子者, 精於此術當世重之, 時有僧道洪者密受其傳, 後入錢塘傳布其學, 世俗不知其所由來, 直言子平耳. 後道洪傳之徐大升.

약 4백 년 동안 채택되어 이를 계기로 왕실 도서관이었던 규장각에서 보존해왔기 때문이다.

한편 서대승의 저술로 널리 알려진 『연해자평(淵海子平)』은 실상은 일부만이 서대승의 저술임을 간과해서는 안 된다. 『연해자평』은 명말 청초인 1634년 당금지에 의해 간행된 책으로서 서대승의 『자평삼명통변연원』 내용뿐만 아니라 납음오행 등의 고법명리학 내용과 저자 미상의 여러 글 및 당금지가 모아서 붙인 구결 등이 복잡하게 구성되어 있다. 따라서 학술논문에서는 『연해자평』을 서대승의 저술로 인용할 수 없는 상태이다. 『자평삼명통변연원』은 필사본의 형태로서 서대승의 서문, 목록, 상하권으로 구분된 본문, 간행자인 전지옹의 발문까지 원형 그대로의 모습을 갖추고 있다. 또한 『자평삼명통변연원』 하권 18격에 나오는 117개의 명조들은 『자평진전』 등 후대의 저술에서 재인용되고 있어서 자평명리학 지명체계의 변천과정을 자세히 살필 수 있다. 자평명리학의 시작이라는 의미에서 서자평의 『명통부』와 서대승의 『자평삼명통변연원』은 명리학도의 필독서라고 할 수 있다.

　　서자평의 『명통부』는 낭송 목적으로 지어진 문체로서 운율을 맞추기 위해 축약된 표현이 많지만, 만민영의 주해 등 이후의 저술을 참고하여 가급적 직역하고자 했다. 서울대학교 규장각에 소장된 서대승의 『자평삼명통변연원』은 필사본으로서 오탈자가 산견된다. 다행히 오탈자 옆에 바로 잡은 글자가 병기되어 있어 수정된 글자를 기준으로 옮겼다. 단순 오탈자가 아닌 내용적인 오류는 주석을 달아 설명했다.

　　한편 『자평삼명통변연원』은 상하권으로 구분되어 있다. 상권에 대부분의 내용이 들어있고 하권에는 18격국만 들어있는데, 이 책에서는 상하권 구분 없이 구성하였다. 전체적으로 서자평의 『명통부』는 1부, 서대승의 『자평삼명통변연원』은 2부로 나누었다.

　　또한 가급적 한글 위주로 표기하고자 했으나, 정확한 의미전달을 위해 기초적인 명리학 용어는 한자로 표기했다. 서자평의 『명통부』와 서대승의 『자평삼명통변연원』을 옮기면서 참고한 문헌은 다음과 같다.

- 徐子平 撰, 萬民英 解, 『三命通會』 「明通賦」, 武陵出版社, 2011.
- 徐大升 著, 『子平三命通變淵源』, 서울대학교 奎章閣 所藏.

제1부

명통부

明通賦

서자평(徐子平) 지음

목록(目錄)

서자평 지음

10

1. 太極判爲天地, 一氣分爲陰陽, 流出五行, 化生萬物. 爲人稟命, 貧富貴賤由之, 術士知機, 吉凶禍福定矣.

태극이 나뉘어 하늘과 땅이 되고, 일기가 나뉘어 음과 양이 되었으며, 오행을 유출시켜 만물을 변화시키고 낳았다. 사람은 명을 부여받고 빈부귀천이 그로부터 말미암으니, 술사들이 그 기틀을 알면 길흉화복이 정해질 것이다.

2. 凡看命, 以日干爲主, 統三元, 而配合八字干支.

무릇 명을 보는 것은 일간으로 주체를 삼아 삼원을 통괄하여 팔자의 간지와 배합하는 것이다.[2]

3. 論運者, 以月支爲首, 分四時, 而提起五行消息.

운을 논하는 것은 월지를 으뜸으로 삼으니, 사계절로 나뉘어 오행의 소식이 일어난다.

4. 向官旺以成功, 入格局而致貴. 官印財食爲吉, 平定逐良, 煞傷梟敗爲凶, 轉用爲福.

임관이나 제왕으로 향하면 공을 이루고, 격국을 이루면 귀하다. 정

---

2) 『子平三命通變淵源』「喜忌篇」: 사주를 배정하고 삼재로 다시 나누어, 오로지 일간으로 팔자와 배합한다(四柱排定, 三才次分, 專以日上天元, 配合八字).

관, 정인, 재, 식신은 길하니 평정하게 따르면 곧 좋고, 칠살, 상관, 편
인, 패재는 흉하니 전환시켜 쓰면 복이 된다.

5. 全備藏蓄於辰戌丑未, 長生鎭居於巳亥寅申. 子午則成敗相逆,
   卯酉乃出入交互.

   온전히 갖춘 것은 辰戌丑未에 저장되어 있고, 長生은 언제나 巳亥
寅申에 있다. 子午이면 성패가 서로 어긋나고, 卯酉는 출입을 서로
번갈아 한다.

6. 支干有不見之形, 無中取有. 節氣存有餘之數, 混處求分.

   지간에는 드러나지 않는 형체가 있으니 없는 가운데에서 있는 것을
취한다. 절기에는 여분의 수가 있으니, 섞여 있는 곳에서 나뉜 것을 찾
는다.

7. 善惡相交, 卻喜化惡崇善, 吉凶混雜, 至怕害吉添凶.

   선과 악은 서로 교차하는데, 오히려 악을 변화시키고 선을 높이는
것이 좋다. 길과 흉이 섞여 있으면 길을 해치고 흉을 더하는 것을 지극
히 두려워한다.

8. 是故得局朝元, 非富則貴. 犯垣破局, 非夭則貧.

   그러므로 삽합국을 얻고 본원이 투간하면 부유하지 않으면 귀하지

만, 본원을 범하거나 삼합국을 파괴하면 일찍 죽지 않으면 가난하다.

9.　得失均兼, 進退仍復.

득실을 고르게 겸하면 진퇴는 거듭 반복된다.

10.　神煞相絆, 輕重較量.

길신과 흉살이 서로 얽혀 있으니, 경중을 비교하고 헤아린다.

11.　內有雜氣財官, 相兼偏正兩印, 同宮祿馬, 號爲內外三奇.

안으로 잡기 재관이 있고 정인과 편인이 서로 겸하며 녹마가 같은 자리이면 내외삼기라 부른다.

12.　眞官時遇命强, 早受金紫之封.

월령 정관3)이 시에서 명이 강한 것을 만나면, 일찍 금자4)의 봉록을 받는다.

13.　良馬月乘時健, 末遷銀靑之職.

---

3) 진관(眞官)은 정관이 월간에 투출된 경우를 말한다.
4) 宋나라 정2품의 관직을 말한다.

정재가 월령에 있고5) 시에서 튼튼하면 말단에서 은청6)의 직으로
옮긴다.

14. 月印附日無財氣, 爲黃榜招賢.

월령 정인이 일간에 붙어 있고7) 재기가 없으면 황실에서 현인으로
초빙한다.

15. 日祿歸時沒官星, 號靑雲得路.

일간의 녹이 시지에 있고 정관이 없으면 젊어서부터 출세길이 열렸
다고 한다.

16. 月令七煞, 而煞身俱强, 當爲黑頭宰相.

월령 칠살은 칠살과 일간이 모두 강하면 마땅히 젊어서 재상이
된다.

17. 時上偏財, 而財命並旺, 須出白屋公卿.

시상편재는 재와 명이 함께 왕성하면 반드시 초가집에서 공경이 나
온다.

---

5) 월령 정재격을 말한다.
6) 宋나라 종2품의 관직을 말한다.
7) 월령 정인격을 말한다.

18. 建祿坐祿, 或歸祿, 遇財官印綬, 富貴長年.

　건록, 좌록, 귀록은 재, 관, 인수를 만나면 부귀가 오래간다.[8]

19. 月刃日刃及時刃, 逢官煞榮神, 功名蓋世.

　월인, 일인, 시인[9]은 정관, 칠살, 인수를 만나면 공명이 세상을 덮
는다.

20. 月令專制七煞身健鷹揚.

　월령에서 칠살을 완전히 제어하고 일간이 튼튼하면 위엄을 떨친다.

21. 運元生發三財, 命强豹變.

　월령에서 三財가 일어나고 명이 강하면 표변한다.

22. 年見正祿正印正財, 無破, 必承祖蔭傳芳.

　연에서 정관, 정인, 정재가 보이고 파괴되지 않으면 반드시 조상의
음덕을 계승하고 이름을 떨친다.

---

8) 일간의 祿이 月支에 있으면 建祿, 日支에 있으면 坐祿, 時支에 있으면 歸祿이라고 한
다.

9) 양인이 월지에 있으면 月刃, 일지에 있으면 日刃, 시지에 있으면 時刃이 된다.

23. 日坐眞官眞貴眞印有成, 號日福神治世.

일지에서 진관, 진귀, 진인을 이루면, 복신이 세상을 다스린다고 말
한다.

24. 月內偏財, 而無敗無煞, 富出人間.

월령 편재가 비겁이 없고 칠살이 없으면, 부유함이 특출나다.

25. 日下正馬, 而有助有生, 名揚天下.

일지 정재는 생조가 있으면 이름을 천하에 날린다.

26. 身淺坐煞, 運行身旺之鄕, 發財發福.

일간이 약하고 칠살에 앉아도 운이 일간을 왕성하게 하는 방향으로
가면 재와 복을 일으킨다.

27. 獨主臨官, 運至主貴之地, 加職加封.

간여지동은[10] 운이 주로 정관의 지지에 이르면 녹봉을 더한다.

28. 食神生旺, 無印綬刑沖, 乃母食子祿.

---

10) 만민영 해: 獨主臨官은 丁巳 癸亥 등의 일주인데, 또 貴人을 만나 정관을 沖하면 貴하
　게 된다.(獨主臨官, 乃丁巳·癸亥等日, 又遇貴人沖官星爲貴).

식신이 생왕하고 인수의 형충이 없으면 곧 어미가 자식의 녹봉을 먹는다.

29. 主本臨官, 沒官星煞敗, 爲弟襲兄班.

일주가 임관에 있고 정관·칠살·겁재가 없으면 동생이 형의 지위를 물려받는다.

30. 倒食本宮臨官旺, 乃侍臣明祿之名.

편인이 일주와 같은 지지이고 정관이 왕성한 방향에 임하면 곧 측근 신하로서 봉록을 차지한다고 말한다.

31. 胎生元命無財星, 爲赤子承恩之寵.

일주 절지로[11) 태어난 원명은 재성이 없으면 어릴 때부터 총애를 이어받는다.

32. 歲月正官七煞混淆人下賤, 時日獨强專制職重權高. 月時七煞正官雜亂病交侵, 歲運衝開合去官淸名顯. 猶嫌過制, 最忌爭强.

---

11) 만민영 해: 庚寅 辛卯 甲申 乙酉 등의 일주를 말하고 모두 本主의 天元이 스스로 絶에 앉아 胎生의 자리가 되니 즉 胞胎格이다.(此庚寅·辛卯·甲申·乙酉等日, 皆本主天元, 自坐絶地, 爲胎生之宮, 即胞胎格也).

연월에서 정관과 칠살이 뒤섞인 사람은 하천하지만, 일시에서 홀로 강하고 온전히 제복되면 관직이 무겁고 권력이 높다. 월시에서 칠살과 정관이 혼잡하면 병이 교대로 침범하지만, 태세와 대운에서 충하여 열거나 합거해서 정관이 깨끗해지면 이름을 빛낸다. 오히려 지나친 제복을 싫어하고 강함을 다투는 것을 가장 꺼린다.

33. 天元無氣, 卻宜中下興隆.

일간이 기가 없더라도[12] 인원과 지원이 흥융하면 오히려 좋다.

34. 年本偏官, 須忌始終剋害.

연주 편관은[13] 반드시 처음부터 끝까지 극해를 꺼린다.

35. 羊刃極喜偏官削平禍亂.

양인은 편관이 화란을 없애고 평정하는 것을 매우 좋아한다.

36. 金神只宜制伏, 降肅奸雄.

---

12) 만민영 해: 이는 印綬格이며, 예컨대 甲乙이 冬月에 태어나면 天元이 無氣하더라도, 地支에 亥子가 있어서 水가 木을 생하여 흥하고 융성하게 되는 부류이다(此印綬格也, 如甲乙生於冬月, 天元無氣, 地支有亥子水生木, 爲興隆之類).

13) 만민영 해: 이는 歲德格이며, 예컨대 甲日이 庚申 年柱를 만나면, 年上偏官이 되는데, 일명 元神이고 일명 孤辰이며, 그 煞은 가장 무거워 종신토록 제거할 수 없으므로 따라서 주로 처음부터 끝까지 剋害한다(此歲德格也, 如甲日逢庚申太歲, 爲年上偏官, 一名元神, 一名孤辰, 其煞最重, 終身不可除去, 故主始終剋害).

금신은 단지 제복하기만 하면 좋으니, 간웅을 항복시켜 엄숙하게 하는 것이다.

37. 陽德陰貴, 旺則榮顯, 而弱可保名.

양덕과 음귀14)는 일간이 왕성하면 영예롭고, 약해도 이름은 보존할 수 있다.

38. 天罡地魁, 衰則貧寒, 而强當絶世.

괴강은 일간이 쇠약하면 빈한하지만, 일간이 강하면 마땅히 특출나다.

39. 官庫財庫, 衝開則榮封爵祿, 塞閉則貧乏資財.

官庫·財庫15)는 충해서 열면 관작과 봉록이 영예롭지만, 폐쇄되어 있으면 재물이 궁핍하다.

40. 傷官正官, 傷盡則獨握權高, 半殘則必遭蹇難.

상관정관은 상관이 다하면 홀로 높은 권력을 장악하지만, 반이 남

---

14) 만민영 해: 陽德은 天德, 月德, 日德이고, 陰貴는 天乙貴神과 日貴格이다(陽德, 天月二德及日德. 陰貴, 天乙貴神及日貴格也).

15) 만민영 해: 이는 雜氣財官格이며, 예컨대 甲이 丑을 보면 官庫가 되고, 辰을 보면 財庫가 되며, 未를 보면 木庫가 되고, 戌을 보면 食庫가 된다(此雜氣財官格也. 如甲見丑爲官庫, 見辰爲財庫, 見未爲木庫, 見戌爲食庫).

으면16) 반드시 어려움을 만난다.

41. 日月倒沖, 官祿無塡無絆, 而祿馬飛來.

일월 도충은 관록이 이미 채워지지 않고 매여있지 않으면 녹마가 날아온다.

42. 天地制合煞神, 不過不失, 而名利驟發.

천간과 지지에서 칠살을 제복하거나 합거하는 경우 지나치지 않아서 잃지 않으면 명예와 부가 갑자기 나타난다.

43. 惟官印最宜相會, 德政加封.

오직 정관과 정인은 서로 만나는 것이 가장 좋으니, 덕스러운 정사를 펼치고 봉록을 더한다.

44. 有祿馬極喜同居, 官能稱職.

녹마는 같은 자리에 있는 것이 가장 좋으며, 관직에 적합하다.

45. 印綬逢煞則發, 逢合則晦, 逢財則災, 破合去財亦發.

---

16) 만민영 해: 이는 傷官格이다. 半殘은 상관이 다 없어지지 않은 것을 말한다(此傷官格也. 半殘, 言傷不盡).

인수가 칠살을 만나면 발복하지만 합을 당하면 어두우며, 재를 만나면 재앙이 되니, 재를 파괴하거나 합거하면 또한 발복한다.

46. 建祿遇官則貴, 遇財則富, 遇印則秀, 敗財破印不吉.

건록은 정관을 만나면 귀하고, 재를 만나면 부유하며, 정인을 만나면 빼어나지만, 재가 손상되거나 정인이 파괴되면[17] 좋지 않다.

47. 官煞兩停, 喜者存之, 憎者去之. 武能去正留偏, 化官爲煞. 文能去偏留正, 化煞爲官. 運逢身旺必加封. 財印交差, 欲其進也, 忌其退也. 貴能見義忘利, 取印捨財. 富則見利忘義, 取財捨印. 歲遇命强而進爵.

정관과 칠살이 둘 다 있으면 좋은 것은 남기고 나쁜 것은 없애야 한다. 무관은 정관을 버리고 편관을 남길 수 있고, 정관을 변화시켜 칠살로 삼을 수 있다. 문관은 편관을 버리고 정관을 남길 수 있고, 칠살을 변화시켜 정관으로 삼을 수 있다. 운에서 일간을 왕성하게 하는 것을 만나면 반드시 봉록을 늘린다. 재와 정인이 교차하면 나가기를 바라고 물러나는 것을 꺼린다. 貴는 義를 보고 利를 잊을 수 있으니, 정인을 취하고 財를 버릴 수 있다. 富는 利를 보고 義를 잊을 수 있으니, 財

---

17) 만민영 해: 建祿은 인수와 財를 매우 좋아하니, 敗財와 破印을 보면 偏枯하여 조화를 이루지 못한다. 財와 印이 함께 혼잡함을 보이면 부유하지도 않고 빼어나지도 않으며 이룰 수 없는 명이다(建祿尤喜印與財, 故見敗財破印, 則偏枯不成造化. 財印俱見混雜, 不富不秀, 無成之命也).

를 취하고 정인을 버린다. 태세에서 명이 강해지면 벼슬이 올라간다.

48. 十干背祿, 喜見財豊, 敗逢比肩逐馬. 官煞俱有, 猶如去煞留官,
印助身强, 必定收功拜職.

일간이 녹을 등지면 재가 풍성한 것을 보면 좋고, 비견과 재를 다투
면 실패한다. 정관과 칠살이 함께 있으면 칠살을 제거하고 정관을 남
기는 것과 같으니, 정인이 일간이 강하도록 도우면 반드시 공을 거두
고 관직을 받는다.

49. 五行食神, 許乘馬盛, 禍生正印梟神. 官煞一來, 誤致反賢敗德.
梟神印旺, 立見破敗傷身.

오행의 식신은 재를 왕성하게 할 수 있는데, 재앙은 정인과 편인에
서 나온다. 정관과 칠살이 같이 오면 잘못되어 어질지 않고 덕을 저버
린다. 편인과 정인이 왕성하면 실패하고 몸이 상한다.

50. 戊日午月, 勿作刃看, 時歲火多, 轉爲印綬.

戊 일간이 午월에 태어나면 양인으로 보면 안 되니, 시와 연에 화가
많으면 정인으로 바뀐다.

51. 丙日丑月, 非爲背祿. 支干金旺, 反作貲財.

丙 일간이 丑월에 태어났다고 해서 녹을 등지는 것은 아니며, 천간

과 지지에 金이 왕성하면[18] 도리어 재물을 만든다.

52. 官坐刀頭終被刑, 貴壓三刑須執政.

정관이 양인의 머리에 앉으면 끝내 형을 당하지만, 천을귀인이 삼형을 제압하면 반드시 정권을 잡는다.

53. 德蓋七煞, 必是安禪之士. 花迎六合, 豈非淫蕩之人.

천덕이나 월덕이 칠살을 덮으면 반드시 좌선하는 선비이다. 도화가 육합을 맞이하면 어찌 음탕한 사람이 아니겠는가?

54. 孤寡雙全帶官印, 當膺住持, 無則只爲道行.

고신살과 과숙살이 둘 다 온전하고 정관과 정인을 가지고 있으면 마땅히 주지가 되지만, 정관과 정인이 없으면 단지 도를 닦을 뿐이다.

55. 控邀隔角, 逢生旺必過房舍, 絶則終守鰥孀.

고과살[19]이나 격각살이 있더라도 일간이 生旺을 만나면 반드시 가정을 이루지만, 絶을 만나면 끝내 홀아비와 과부가 된다.

---

18) 만민영 해: 建祿은 정인과 財를 매우 좋아하니, 敗財와 破印을 보면 偏枯하여 조화를 이루지 못한다. 財와 정인이 함께 혼잡함을 보이면 부유하지도 않고 빼어나지도 않으며 이룰 수 없는 명이다(建祿尤喜印與財, 故見敗財破印, 則偏枯不成造化. 財印俱見混雜, 不富不秀, 無成之命也).

19) 만민영 해: 공신·요신은 고과살이다(控神·邀神, 是孤寡煞也).

56. 呑啗全排, 家人消散. 空亡遍見, 親屬離傷.

극해살·고과살20)이 온전히 배열되어 있으면 가족들이 뿔뿔이 흩어진다. 공망이 두루 보이면 가족들이 헤어지고 다친다.

57. 財印雙傷, 斷其必無上下. 官煞俱去, 知其少失爺娘.

財와 정인이 둘 다 다치면 그것은 반드시 위아래가 없다고 판단한다. 정관과 칠살이 모두 없어지면 어려서 부모를 잃는다는 것을 안다.

58. 純耗純刃交差, 牛羊類斷. 純陰純陽排剋, 豬狗徒看.

양인21)이 교차하면 소나 양의 종류라고 판단하며, 순음과 순양이 극으로 배열되면 돼지나 개의 무리로 본다.

59. 衰受衆梟, 乃是寄食長工. 絶逢重食, 宜作屠行牙儈.

일간이 衰受에 있고 도식이 많으면 곧 기식하는 머슴이 된다. 일간이 絶일 때 식신이 많으면 마땅히 백정이나 거간꾼이 된다.

60. 若也純官·純煞·純馬·純財, 身旺無雜, 則官居極品.

---

20) 만민영 해: 呑啗, 空亡 2개의 煞은 곧 剋害, 孤寡의 지지이다(呑啗空亡二煞, 乃剋害孤寡之辰也).

21) 만민영 해: 대모양인은 곧 신살에서 가장 나쁜 것이다(大耗羊刃, 乃神煞之最惡者).

만일 純官·純煞·純馬·純財이고, 일간이 왕성하며 혼잡하지 않으면 관직이 최고 품계이다.

61. 全印·全沖·全制·全食, 命强無破, 則祿受千鍾.

全印[22]·全沖·全制·全食으로서 일간이 강하고 파괴되지 않으면 봉록 천 가지를 받는다.

62. 日干太旺無依, 若不爲僧, 固宜爲道. 天元羸弱無輔, 若不爲技,
　　則當爲巫.

일간이 지나치게 왕성하여 의지할 곳이 없을 경우 만일 스님이 되지 않으면 도사가 되어야 진실로 좋다. 일간이 지나치게 약한데 돕는 것이 없을 경우 만일 기술자가 되지 않으면 무당이 되어야 좋다.

63. 身弱有生必發, 忌財馬以相傷.

일간이 약하지만 생하는 것이 있으면 반드시 발복하는데, 재극인으로 서로 다치는 것을 꺼린다.

---

22) 만민영 해: 全印은 예컨대 甲日이 子, 癸, 壬, 亥를 보는 것으로, 혹 正이거나 혹 偏이 되지만 섞이지 않은 것이다. 全沖은 地支가 예컨대 純亥, 純巳, 純子, 純午 같은 것으로 沖에서 祿馬가 나온다. 혹 寅申巳亥 子午卯酉 辰戌丑未 모두 그렇다. 全制는 甲日이 丁자 또는 午자를 보는 것으로, 정관을 상진시키고, 虛空에서 나온 土가 와서 財가 된다. 全食은 甲이 丙을 보는 것이다(全印, 如甲日見子癸壬亥, 或正或偏, 無所駁雜, 全沖, 如地支純亥·純巳·純子·純午之類, 沖出祿馬, 或寅申巳亥, 子午卯酉, 辰戌丑未, 皆是. 全制如甲日見丁字或午字, 傷盡官星, 虛空生出土來爲財. 全食, 如甲見丙).

64. 食神逢梟則夭, 喜財星而生救.

식신은 편인을 만나면 요절하니, 재성으로 구제하는 것이 좋다.

65. 甲子日逢子時, 沒庚辛申酉丑午, 謂之祿馬飛來.

甲子 일주가 子시를 만나고 庚辛申酉丑午가 없으면 녹마가 날아
온다고 한다.[23]

66. 庚申時逢戊日, 無甲丙卯寅午丁, 名曰食神明旺.

庚申시가 戊 일간을 만나고 甲丙卯寅午丁이 없으면 식신이 확실
히 왕성하다고 이름하여 말한다.[24]

67. 庚壬子沖午祿, 切忌丙丁.

庚子·壬子 일주는 午 봉록을 沖하여 불러오니,[25] 丙丁을 절대 꺼
린다.

68. 辛癸丑合巳宮, 須嫌子巳.

---

23) 甲子 일주가 子시를 만나면 2개의 子 중 癸가 巳 중 戊를 합하고 巳 중 丙이 辛을 합하
여 甲子 일주가 辛 정관을 얻는다는 자요사격(子遙巳格)이다.
24) 戊 일간이 庚申시를 만나면 申중의 庚이 卯중의 乙을 합하여 정관을 얻는다는 합록격
(合祿格)이다.
25) 庚子 일주는 子가 午와 충하여 午중의 丁 정관을 얻고, 壬子 일주는 子가 午와 충하여
午중의 丁 정재를 얻는다는 비천녹마격(飛天祿馬格也)이다.

辛丑·癸丑 일주는 巳 자리를 합하여 불러오니,[26] 반드시 子巳를 싫어한다.

69. 丙午丁巳准此, 最忌刑沖.

丙午·丁巳 일주도 이에 준하니,[27] 형이나 충을 가장 꺼린다.

70. 壬子癸亥例同, 亦防塡實.

壬子·癸亥 일주도 위의 예와 같으니, 역시 이미 채워진 것을 꺼린다.

71. 六辛日而無午字, 得戊子時, 辛合丙官爲貴.

여섯 辛 일간이 午자가 없고 戊子시를 얻으면, 辛이 丙 정관을 합하여 귀하게 된다.[28]

72. 六癸日而無干土, 得甲寅時, 寅刑巳格尤奇.

여섯 癸 일간이 천간 土가 없고 甲寅시를 얻으면 寅이 巳를 형하는

---

26) 辛丑, 癸丑 일주만 해당하며, 辛丑 일주는 丑이 巳를 멀리 합하여 巳 중의 丙 정관을 불러오고, 癸丑 일주는 丑이 巳를 멀리 합하여 巳 중의 戊 정관을 불러온다는 축요사격(丑遙巳格)이다.

27) 丙 일간이 午로 子를 충하여 子 중의 癸 정관을 불러오고, 丁 일간이 巳로 亥를 충하여 亥 중 壬 정관을 불러온다는 도충격(倒沖格)이다.

28) 辛 일간이 丙 정관을 알현하여 합해서 불러온다는 육음조양격(六陰朝陽格)이다.

格이 더욱 기이하다.[29]

73. 癸無丙火戊己, 庚申時, 合一巳之財官.

　癸 일간이 丙火, 戊己가 없고 庚申시이면 巳의 財官을 합한다.[30]

74. 壬有子午卯酉正氣, 柱兼四季之土祿.

　壬 일간이 子午卯酉의 정기를 가지면 사주가 사계절의 土 녹봉을 겸비한 것이다.

75. 癸日同上, 土曜莫侵, 得之者利害交並. 官高身病. 遇之者刑惠確實, 職重家貧.

　癸 일간도 위와 같으니, 土나 火의 침범이 없고, 子午卯酉의 정기를 얻으면 이로움과 해로움이 함께 나타나니, 관직은 높지만 몸은 병에 걸린다. 子午卯酉의 정기를 만나면 형벌과 혜택이 확실하니, 관직은 무겁지만 가정은 가난하다.

76. 甲曲直丙炎上, 官高剋妻而不富. 戊從革, 庚潤下, 職重嗣少而自貧.

---

29) 癸 일간이 甲寅시를 얻으면 寅이 巳를 형하면 巳 중의 戊 정관과 丙 정재를 얻는다는 형합격이다.

30) 癸 일간이 庚申시를 얻으면 申이 巳를 합하여 巳 중의 戊 정관과 丙 정재를 얻는다는 합록격이다.

甲 곡직이나 丙 염상은 관직은 높더라도 처를 극하고 부유하지 않다. 戊 일간이 종혁을 보거나 庚 일간이 윤하를 보면 관직이 무겁더라도 자식이 적으며 스스로 가난하다.

77. 身犯休囚之地, 並衝官貴何嗟.

일간이 휴수의 지지에 있지만 관과 귀를 함께 충하여 불러오면 어찌 탄식하겠는가?

78. 自專官旺之支, 同釣祿子猶貴.

일간이 온전히 임관이나 제왕의 지지에 있으면[31] 녹봉과 자식을 함께 낚시하여 오히려 귀하다.

79. 陰木獨遇子時, 沒官星, 乙鎭鼠窠最貴.

乙 일간이 오직 子시를 만나고 정관이 없으면, 乙이 쥐의 집을 진압해서 가장 귀하다.[32]

80. 陽水疊逢辰位, 無沖剋, 壬騎龍背非常.

---

31) 만민영 해: 이는 즉 丁巳 癸亥 丙午 壬子 등의 일주로서 스스로 임관, 제왕에 앉아 있다 (此即丁巳·癸亥·丙午·壬子等日, 自坐臨官·帝旺).

32) 乙 일간이 子시를 만나면 子중 癸가 巳중 戊와 암합하여, 巳중의 庚 정관을 얻는다는 육을서귀격(六乙鼠貴格)이다.

壬水 일간이 辰의 자리를 중복하여 만나고 충극이 없으면, 壬이 용의 등을 타서 비상하다.[33]

81. 庚日全逢潤下. 忌壬癸巳午之方, 時遇子申, 其福減半.

庚 일간이 윤하를 오로지 만나는 것이다. 壬癸나 巳午의 방향을 꺼리며, 운에서 子申을 만나면 그 복은 반감된다.[34]

82. 合官合財作公卿, 防休囚剋害之辱.

官을 합하거나 財를 합하면 삼공구경이 되는데, 휴수극해의 욕을 방비해야 한다.

83. 拱貴拱祿爲將相, 忌刑沖塡實之凶.

공귀[35]나 공록은 장상이 되니, 형충이나 이미 채워지는 흉을 꺼

---

33) 壬水 일간이 辰을 중복하여 만나면 辰이 戌중의 丁 정재와 戊 편관을 충하여 얻는다는 임기용배격(此壬騎龍背格)이다.

34) 庚申, 庚辰, 庚子가 모두 있으면 申子辰 水局을 이루면 寅午戌 火局을 충하여 정관을 얻는다는 정란차격이다(井欄叉格).

35) 만민영은 拱貴·拱祿格이라고 하면서 壬子년 丁未월 丁巳일 丁未시이면, 연지의 子가午를 충하여 불러오므로 대귀하다(如壬子丁未丁巳丁未, 年支子字沖出午字, 故大貴)고 하여 충해서 불러오는 것으로 주해했는데 이는 오류이다. 공(拱)은 손을 맞잡는다는 뜻이며, 지지의 순서상 빈 지지를 맞잡고 끼워 불러온다는 의미이다. 서대승은 『子平三命通變淵源』 「拱祿拱貴」편에서 지지의 순서상 빈 지지를 끼워서 불러온다는 의미로 공귀를 설명하고 있다(所謂拱貴者, 甲寅日見甲子時辛, 丙戌日見丙申時辛, 戊申日見戊午時乙, 乙未日見乙酉時庚, 拱祿, 拱貴同, 所謂拱祿者, 丁巳日見丁未時, 己未日見己巳時, 癸丑見癸亥時, 癸亥見癸丑時, 戊辰見戊午時).

린다.

84. 官印暗合天地, 其貴可知. 福德隱在支中, 其德尤萃.

정관이나 정인이 천간과 지지에서 암합하면 그 귀함을 알 수 있는데, 복덕이 지지 가운데 숨겨져 있으면 그 덕은 더욱 모인다.

85. 五行正貴, 怕刑沖剋害之神. 四柱吉神, 喜官旺生合之地.

오행의 정관은 형충극해하는 신을 두려워한다. 사주에서 길신은 임관이나 제왕, 生하거나 합하는 지지를 좋아한다.

86. 若也沐浴逢煞, 魄往酆都. 元犯再傷, 魂歸嶽府.

만일 목욕이 칠살을 만나면 백은 지옥으로 간다. 원국에서 범하고 다시 손상되면 혼은 악부로 돌아간다.

87. 畏煞逢煞則夭, 憂關落關即亡.

칠살이 두려운데 또 칠살을 만나면 일찍 죽고, 관살이 걱정스러운데 관살에 떨어지면 곧 죽는다.

88. 引合關煞誤傷身, 中下滅絶橫夭壽.

관살에 이끌려 합이 됨으로써 일간이 자칫 상하고, 인원이나 지원이 멸절되면 비명횡사한다.

89. 傷官見官, 禍患百端, 逐馬逢馬, 勞苦千般.

상관이 정관을 보면 화환이 백 가지이며, 말을 쫓는데 말을 만나면 노고가 천 가지이다.

90. 財逢羊刃以多傷, 印見妻財而不破.

재가 양인을 만나면 대부분 손상되지만, 정인이 처재를 보면 파괴되지 않을 수도 있다.

91. 食神遇梟, 無財則夭. 身弱有財, 重逢正印, 亦凶. 制煞逢印, 有沖則誅. 命强無官, 單逢七煞尤勝.

식신이 편인을 만나는데 재가 없으면 일찍 죽는다. 일간이 약하고 재가 있는데 중복하여 정인을 보면 또한 흉하다. 식신제살이 정인을 만나 충하면 죽는다. 명이 강하고 정관이 없으면 칠살을 하나 만나도 잘 견딘다.

92. 三刑對沖橫禍生, 羊刃對合非殃至. 沐浴從生無家客, 休囚見煞不埋人.

삼형이 충을 당하면 갑자기 재앙이 생기고, 양인은 합을 당해야 재앙이 오지 않는다. 목욕이 生을 따르면 집에 손님이 없고, 휴수가 칠살을 보면 매장도 못하는 사람이다.

93. 月下劫財主無財, 喜煞無印而有獲.

　월지 겁재는 주로 재물이 없는데, 칠살은 좋지만 정인은 없어야 얻는 것이 있다.

94. 暗中破印親壞印, 喜官無食以加封.

　지장간의 정인을 파괴하는 것은 가까이 정인을 파괴하는 것이니, 정관은 좋지만 식신이 없어야 봉록을 더한다.

95. 官煞混雜賤患兮. 兄弟太多分散兮. 喜印無制能文, 喜制無印能武. 制印俱有, 碌碌難成.

　관살이 혼잡하면 천하고 우환이 있다. 형제가 너무 많으면 분산된다. 정인이 좋지만 식상제살이 없어야 文에 능하고, 식상제살이 좋지만 정인이 없어야 武에 능하다. 식상제살과 정인이 함께 있으면 녹록하여 이루기 어렵다.

96. 祿馬背逐饑寒兮, 財印相破括囊兮. 喜官帶煞爲權, 愛煞帶官爲貴. 官쇄煞單見, 瑣瑣不遂.

　녹을 등지고 말을 쫓으면 배고프고 추우며, 재성과 정인이 서로 파괴하면 주머니를 닫는다. 정관이 좋은데 칠살을 가지면 권력이 되고,

칠살이 좋은데 정관을 가지면 귀하게 된다. 정관이나 칠살이 하나만
보이면 약해서 이루지 못한다.

97. 梟印相雜寵辱兮, 財馬太多盜氣兮. 喜身旺而爲福, 忌運弱以
    生災.

　편인과 정인이 서로 섞여 있으면 총애와 능욕이 함께 있고, 정재와
편재가 너무 많으면 기운을 빼앗긴다. 일간이 왕성하여 복이 되는 것
을 좋아하지만 운에서 약하게 됨으로써 재앙이 생기는 것을 꺼린다.

98. 官祿剋破夭死兮, 庫墓沖散無餐兮. 忌重破而無依, 喜比肩而
    可救.

　정관과 녹이 극파되면 일찍 죽고, 庫墓가 충되어 흩어지면 먹을 것
이 없다. 거듭 파괴되어 의지할 데 없는 것을 꺼리며, 비견으로 구할
수 있으면 좋다.

99. 劫財羊刃, 切忌時逢. 歲運並臨, 災殃立至. 歲沖運則崩, 運剋
    歲則晦.

　겁재나 양인은 운에서 만나는 것을 절대 꺼린다. 태세와 대운에서
함께 오면 재앙이 금방 닥친다. 태세가 대운을 충하면 무너지고, 대운
이 태세를 극하면 어둡다.

100. 陰氣終而陽氣斷, 未死堪嗟. 陽數極而陰命追, 不俎何待.

음기가 다하고 양기가 끊어지면 죽지 않으면 탄식을 견디겠는가! 양수가 다하고 음명이 쫓아가면 죽지 않고 무엇을 기다리겠는가?

101. 五行有救, 當憂不憂. 四時逢空, 聞喜不喜.

오행에 구제하는 것이 있으면 우환을 당해도 불우하지 않으며, 운에서 공망을 만나면 기쁜 것을 들어도 기쁘지 않다.

102. 是以陰陽罕測, 不可一途而推. 貴賤難分, 要執兩端而斷. 略究古聖之遺文, 約以今賢之研詳, 若遵此法參悟, 鑒命庶無差忒.

따라서 음양은 헤아리기 어려우니, 하나의 길로 추리하면 안 된다. 귀천은 구분하기 어려우니 양단을 잡아 판단해야 한다. 대략 옛 성인들이 남긴 글을 연구하고, 오늘날 현인의 연구를 요약했으니, 만일 이법을 존중하여 깨닫는다면 명을 보는데 거의 착오가 없을 것이다.

제2부

자평삼명통변연원

子平三命通變淵源

서대승(徐大升) 지음

목록(目錄)

서대승 지음

저자 서문

夫五行通道, 取用多門, 物不精不爲神, 數不妙不爲術. 子平之法, 易學難精. 有抽不抽之緒, 有見不見之形. 以日爲主, 搜用八字, 先觀提綱之輕重, 次詳時日之淺深. 專論財官元有元無, 日下支神財官有者最要純一. 如有官星者不論格局, 有格局者不喜官星. 更看運神向背, 自然蘊奧分明. 假令六甲日爲主, 八月爲正氣官星, 若逢卯丁剋破, 此謂有情無情. 僕自幼慕術, 參訪高人傳授子平眞數定格局, 曆學歲年, 頗得眞趣. 今因閒暇, 類成編次, 尋其捷徑, 名曰通變淵源. 謹鋟於梓以廣其傳, 欲使後之學者快其心目, 開卷易曉. 若能觀覽熟讀詳玩, 則貴賤吉凶眞如對鑑見形也. 寶祐十月望日, 東齋徐大升序.

무릇 오행의 도통함은 쓰는 방법이 다양하며, 物은 정밀하지 않으면 신처럼 될 수 없고, 數는 신묘하지 않으면 術이 될 수 없다. 자평의 법은 배우기는 쉬우나 정통하기는 어렵다. 뽑아내지만 뽑아내지 못하는 단서가 있고, 보이거나 보이지 않는 형체가 있다. 日을 주체를 삼아 팔자를 찾아 쓰는데, 먼저 제강[月]의 경중을 보고, 다음으로 時와 日의 낮고 깊음을 자세히 살핀다. 오로지 財官이 원국에 있는지 없는지를 논하는데, 日支의 神에 財官이 있는 경우에는 순일한 것이 가장 필요하다. 예컨대 정관이 있으면 격국을 논하지 않고, 격국이 있으면 정관을 좋아하지 않는다. 또한 행운에서 오는 神의 향배를 보면 저절로 핵심이 분명해진다. 가령 여섯 甲 일간은 8월[酉]에 태어나면 正氣官星이 되는데, 만일 卯와 丁을 만나 剋破되면 이를 일러 情이 있어도 情이 없는 것이라고 한다. 나는 어려서부터 술수를 좋아하여 고명한 사람들이 자평의 진수인 격국을 정하는 것을 전수해주는 것에 두루 참여하였는데, 배운 지 여러 해를 거치면서 자못 참된 뜻을 얻었다. 이제 한가하여 유형별로 편차를 만들어 그 첩경을 찾았으니 이름하여 『通變淵源』이라 한다. 삼가 목판에 새겨서 넓게 전하고자 하니 후학들이 마음과 눈을 기쁘게 하고 책을 열어서 쉽게 이해하기를 바란다. 만일 잘 살피고 숙독하여 자세히 음미할 수 있으면 귀천길흉은 참으로 거울을 대하고 형체를 보는 것과 같을 것이다.

보우[1253년] 10월 15일 동재 서대승 서

1. 천간통변도(天干通變圖)

天干通變圖 · 子平三命通變淵源 · 錢塘東齋徐大升新編

日生見 / 直看

癸	壬	辛	庚	己	戊	丁	丙	乙	甲	直看
傷官	食神	正財	偏財	正官	七煞	正印	偏印	敗財	比肩	甲
食神	傷官	偏財	正財	七煞	正官	偏印	正印	比肩	陽敗刃財	乙
正財	偏財	正官	七煞	正印	偏印	敗財	比肩	傷官	食神	丙
偏財	正財	七煞	正官	偏印	正印	比肩	陽敗刃財	食神	傷官	丁
正官	七煞	正印	偏印	敗財	比肩	傷官	食神	正財	偏財	戊
七煞	正官	偏印	正印	比肩	陽敗刃財	食神	傷官	偏財	正財	己
正印	偏印	敗財	比肩	傷官	食神	正財	偏財	正官	七煞	庚
偏印	正印	比肩	陽敗刃財	食神	傷官	偏財	正財	七煞	正官	辛
敗財	比肩	傷官	食神	正財	偏財	正官	七煞	正印	偏印	壬
比肩	陽敗刃財	食神	傷官	偏財	正財	七煞	正官	偏印	正印	癸

〈표 1〉

2. 지지조화도(地支造化圖)

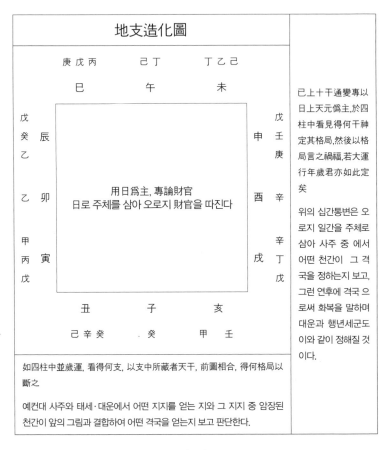

地支造化圖

| 庚 戊 丙 | 己 丁 | 丁 乙 己 |
| 巳 | 午 | 未 |

戊癸乙 辰
乙 卯
甲丙戊 寅

用日爲主, 專論財官
日로 주체를 삼아 오로지 財官을 따진다

戊壬庚 申
酉 辛
辛丁戊 戌

| 丑 | 子 | 亥 |
| 己 辛 癸 | 癸 | 甲 壬 |

如四柱中並歲運, 看得何支, 以支中所藏者天干, 前圖相合, 得何格局以斷之

예컨대 사주와 태세·대운에서 어떤 지지를 얻는 지와 그 지지 중 암장된 천간이 앞의 그림과 결합하여 어떤 격국을 얻는지 보고 판단한다.

己上十干通變專以日上天元偽主,於四柱中看見得何干神定其格局,然後以格局言之禍福,若大運行年歲君亦如此定矣

위의 십간통변은 오로지 일간을 주체로 삼아 사주 중 에서 어떤 천간이 그 격국을 정하는지 보고, 그런 연후에 격국 으로써 화복을 말하며 대운과 행년세군도 이와 같이 정해질 것 이다.

〈표 2〉

3. 기법(起法)

年本 月 日主 時 大運 流年

此法不用胎元小運, 只以年月日時, 流年歲君大運參考是矣. 所有起例幷具於前.

연본 월 일주 시 대운 유년

이 법은 태원과 소운을 사용하지 않고 단지 연·월·일·시와 유년세군 및 대운을 참고하는 것이 옳을 것이다. 모든 기례는 앞에 아울러 갖추어져 있다.

4. 천덕(天德)[36]

正丁, 二申, 三壬, 四辛, 五亥, 六甲, 七癸, 八寅, 九丙, 十乙, 十一巳, 十二庚.

寅월에 태어나면 丁, 卯월에 태어나면 申, 辰월에 태어나면 壬, 巳월에 태어나면 辛, 午월에 태어나면 亥, 未월에 태어나면 甲, 申월에 태어나면 癸, 酉월에 태어나면 寅, 戌월에 태어나면 丙, 亥월에 태어나면 乙, 子월에 태어나면 巳, 丑월에 태어나면 庚이 천덕이다.

---

36) 김만태, 「조선조 命課學 試取書『徐子平』에 관한 연구」, p.279, 장서각 제28집, 2012, "사맹월(寅申巳亥)은 삼합의 합화오행의 음간, 사중월(子午卯酉)은 삼합의 합화오행의 절지 또는 삼합 끝 자의 다음 지지, 사계월(辰戌丑未)은 삼합의 합화오행의 양간이 천덕이 된다."

5. 월덕(月德)[37]

寅午戌月在丙 ; 申子辰月在壬 ; 亥卯未月在甲 ; 巳酉丑月在庚.
如人命中先犯凶煞, 若遇天月二德神救者, 凶不爲凶, 更得貴人扶
助, 作顯貴之命.

寅午戌 월은 丙, 申子辰 월은 壬, 亥卯未 월은 甲, 巳酉丑 월은 庚
에 있다. 예컨대 사람의 명 중에 먼저 흉살을 범하더라도 만일 천·월
두 덕의 신을 만나 구하면 흉도 흉이 되지 않고 또한 귀인의 도움을 얻
으니 지위가 높고 귀한 명이 된다.

---

37) 김만태, 「조선조 命課學 試取書『徐子平』에 관한 연구」, p.279, 장서각 제28집, 2012,
   "월지의 삼합이 합화하는 오행이 천간에 투출하면 월덕이 된다."

6. 정인시가(定寅時歌)

正九五更三点徹, 二八五更四点歇, 三七平明是寅時. 四六日出寅無別. 五月日高三丈地. 十月十二四更二. 仲冬才到四更初. 便是寅時君切記.

정월과 9월에는 5경 3점[38]에 이르면 인시이고, 2월과 8월은 5경 4점 순간이 인시이며, 3월과 7월은 해가 돋아 날이 밝아질 무렵이 인시이다. 4월과 6월은 해뜰 때가 인시이고 차이가 없다. 5월은 해가 3장만큼 높이 떴을 때가 인시이다. 10월과 12월은 4경 2점이 인시이다. 11월은 4경 초에 비로소 이르면 인시이다. 이것이 곧 인시이므로 여러분은 절대로 기억해야 한다.

---

38) 김만태, 「조선조 命課學 試取書 『徐子平』에 관한 연구」, p.279, 장서각 제28집, 2012, "시계가 없던 시대에 하룻밤을 5更으로 나누고 각 경을 5點으로 나누어, 경을 알릴 때는 북을, 점을 알릴 때는 징을 쳤다."

7. 십악대패일(十惡大敗日)[39]

甲己年, 三月戊戌, 七月癸亥, 十月丙申, 十一月丁亥. 乙庚年, 四月壬申, 九月乙巳. 丙申年, 三月辛巳, 九月庚辰, 十月甲辰. 丁壬年無. 戊癸年, 六月己丑.

甲己년에는 3월 戊戌일, 7월 癸亥일, 10월 丙申일, 11월 丁亥일이다. 乙庚년에는 4월 壬申일, 9월 乙巳일이다. 丙申 년에는 3월 辛巳일, 9월 庚辰일, 10월 甲辰일이다. 丁壬년에는 없다. 戊癸년에는 6월 己丑일이다.

---

39) 십악대패일은 일간의 祿이 공망이 되는 날로서 10개의 일주(甲辰·乙巳·丙申·丁亥·戊戌·己丑·庚辰·辛巳·壬申·癸亥)가 있다. 결혼 등의 택일에서 피하는 날이다.

8. 정진론(定眞論)

夫生日爲主者, 行君之令, 法運四時, 陰陽剛柔之情, 內外否泰之
道. 進退相傾, 動靜相伐, 取固亨出入之緩急, 求濟復散斂之巨微.
擇日法有三要, 以干爲天, 以支爲地, 以支中所藏者爲人元. 分四柱
者. 年爲根, 月爲苗, 日爲花, 時爲實. 又擇四柱之中, 以年爲祖上則
知世代宗派盛衰之理, 月爲父母則知親廕名利有無之類, 以日爲己
身, 當推其干, 搜用八字, 爲內外取舍之源. 干弱則求氣旺之藉, 有
餘則欲不足之營. 干同, 以爲兄弟, 如乙見甲爲兄, 忌庚重也, 甲以
乙爲弟, 畏辛多也.

무릇 생일로써 주를 삼는 것은, 군주의 명령을 행함에 사시의 운
행을 본받는 것이니, 음양 강유의 정이며, 내외의 막힘과 통함의 도
이다. 進과 退는 서로 번갈고 動과 靜은 서로 싸우니, 견고함과 형
통함이 출입하는 완급을 취하여, 진퇴와 취산의 많고 적음을 구한
다. 생일 위주의 간법에는 세 가지 요체가 있는데, 천간으로 천원을
삼고, 지지로 지원을 삼으며, 지지 가운데 감춰진 것을 인원으로 삼
는다. 사주를 나눈다는 것은 年으로 뿌리를 삼고, 月로 싹을 삼으며,
日로 꽃을 삼고, 時로 열매를 삼는 것이다. 또한 사주 중에서 택하여
年으로 조상을 삼으니 세대종파의 성쇠의 이치를 알고, 月로 부모를
삼으니 부모의 음덕과 명예 및 재물의 유무 같은 것을 안다. 日로 자
기 자신을 삼으니 마땅히 그 일간을 추론하는데, 팔자를 찾아 쓰는
것은 내외 취사의 원천이다. 일간이 약하면 기운이 왕성한 의지처를

찾고, 일간이 여유가 있으면 줄이는 운영을 하려고 한다. 일간과 같은 것으로 형제를 삼으니, 예컨대 乙은 甲을 보면 형이 되는데 庚이 많은 것을 꺼리고, 甲은 乙로 동생을 삼는데 辛이 많은 것을 두려워한다.

干克以爲妻財, 財多干旺則多稱意, 若干衰則財反禍. 干與支同, 損財傷妻也. 男取克干爲嗣, 女取干生爲子, 存失皆例, 以時分野當推落地貧賤富貴之區. 理愚所謂五行眞假少人知, 知時須是泄天機是也. 俗以甲子作海中金, 即婁景之前, 未知金在海中之論. 或用年爲主, 則可知萬億富貴相同者, 以甲子年生便爲本命, 忌日之戒. 月爲兄弟, 如火命生酉戌亥子月, 言兄弟不得力之斷. 或日爲妻, 如在空刑克殺之地, 言克妻妾之斷. 或時爲子息, 臨死絶之鄉, 言子少之斷. 論之皆非人之可爲, 造物陰陽之所致. 傾世術士, 不知斯理而潛亂於俗, 故不可以言傳, 當考幽微之玅矣.

일간이 극하는 것으로 처재를 삼는데, 재가 많고 일간이 왕성하면 대부분 뜻대로 되지만, 만일 일간이 쇠약하면 재가 도리어 화가 된다. 일간과 일지가 같으면 재물을 손해 보고 처를 상하게 한다. 남자는 일간을 극하는 것을 취하여 자식으로 삼고, 여자는 일간이 생하는 것을 취하여 자식으로 삼는데, 대를 잇느냐 끊기냐의 모든 예는 時의 분야로써 마땅히 출생과 빈천부귀의 갈피를 추론해야 한다. 『이우가』에서 이르기를, 오행의 진가는 소수의 사람만이 아는데, 時를 아는 것은 모름지기 천기를 누설하는 것이라고 했다. 속되게도 甲子로 해중금을 삼는데, 즉 루경[40] 이전에는 金이 바다 안에 있다는 이론을 알지 못했다. 혹 年으로 주체를 삼으면, 수많은 사람의 부귀가 반드시 서로 같다는 것을 안다. 甲子년 생으로 곧 본명을 삼으면 日의 경계를 꺼리게 된다. 月로 형제를 삼으니, 예컨대 火命이 酉·戌·亥·子월에 태어나면, 말하자면 형제가 힘을 얻지 못한다고 판단한다. 혹 日로 처를 삼으니, 예컨대 空·刑·克·殺의 지지에 있으면, 말하자면 처첩을 극하는 것으로 판단한다. 혹 時로 자식을 삼으니, 사절의 방향에 있으면, 말하자면 자식이 적다고 판단한다. 그러한 논의는 모두 사람이 어찌할 수 있는 것이 아니고, 만물을 창조하는 음양의 소치이다. 죽은 술사들은 이러한 이치를 모르고 세속을 어지럽혔는데, 그러므로 말로 전할 수는 없으니, 마땅히 심오한 현묘를 숙고해야 할 것이다.

---

40) 한 무제때의 인물로서 성씨는 傳이다. 루경은 그의 호이며, 『사고전서』에는 『呂眞人血脈論』을 저술한 것으로 기록되어 있다.

9. 희기편(喜忌篇)

　　四柱排定, 三才次分, 專以日上天元, 配合八字. 其支干有見不見之形, 無時不有. 神煞相伴, 輕重較量. 若乃時逢七煞, 見之未必爲凶, 月制干強, 其殺返爲權印. 財官印綬全備, 藏蓄於四季之中. 官星財氣長生, 鎭居於寅申巳亥. 庚申時逢於戊日, 名食神干旺之方, 歲月犯甲丙卯寅, 此乃是遇而不遇. 月生日干, 無天財, 乃印綬之名. 日祿歸時, 沒官星, 號靑雲得路. 陽水疊逢辰位, 是壬騎龍背之鄕. 陰木獨遇子時, 爲六乙鼠貴之地. 庚日, 全逢潤下, 忌壬癸巳午之方, 時遇子申, 其福減半. 若逢傷官月建, 如凶處未必爲凶. 內有正倒祿飛, 忌官星, 亦嫌羈絆.

　　사주를 배정하고 삼재로 다시 나누어, 오로지 일간으로 팔자와 배합한다. 그 지장간에는 드러나거나 드러나지 않는 형체가 있지만, 어느 때고 없는 경우는 없다. 길신과 흉살이 서로 섞여 있으면 경중을 비교하여 헤아린다. 만약 時에서 칠살을 만나더라도, 그것을 보는 것이 반드시 흉한 것이 아니다. 月에서 제복하고 일간이 강하면 그 칠살은 도리어 권한의 인장이 된다. 재·관·인수가 모두 갖추어진 것은 사계의 가운데에 몰래 저장되어 있다. 정관과 재기의 장생은 언제나 寅申巳亥에 있다. 庚申 時가 戊 일간을 만나면, 식신과 일간이 왕성한 방향이라고 말하는데, 연과 월에서 甲丙이나 寅卯를 만나면, 이는 곧 만나도 만나지 않은 것이다. 月이 일간을 생하고 천간에 재성이 없으면, 곧 인수격이라고 이름한다. 일간의 녹이 時에 있고 정관이 없으면, 젊어서부터 출세길이 열렸다고 말한다. 壬水가 辰의 자리를 중복하여 만나면, 이는 壬이 용의 등을 타는 방향이다. 乙木이 홀로 子時를 만나면, 육을서귀의 자리가 된다. 庚日이 모두 윤하를 만나면, 壬癸와 巳午의 방향을 꺼리는데 時에서 子申을 만나면 그 복이 반으로 줄어든다. 만약 월건에서 상관을 만나더라도, 예컨대 흉한 곳이 반드시 흉이 되는 것은 아니다. 안으로 바로 倒祿이 날아오는 것이 있으면 이미 정관이 있는 것을 꺼리며 또한 묶이는 것을 싫어한다.

六癸日, 時若逢寅位, 歲月怕己戊二方. 甲子日, 再遇子時, 畏庚辛申酉丑午. 辛癸日多逢丑地, 不喜官星, 歲時逢子巳二宮, 虛名虛利. 拱祿拱貴, 塡實則凶. 時上偏財, 別宮忌見. 六辛日, 時逢戊子, 嫌午位, 運喜西方. 五行, 遇月支偏官, 歲時中亦宜制伏. 類有去官留殺, 亦有去殺留官. 四柱純殺, 有制定居一品之尊, 略見一位正官, 官殺渾雜反賤. 戊日午月, 勿作刃看, 時歲火多, 却爲印綬. 月令雖逢建祿, 切忌會殺爲凶. 官星七煞交差, 却有合殺爲貴. 柱中官星太旺, 天元羸弱之名. 日干旺甚無依, 若不爲僧, 爲道. 印綬生月, 歲時忌見財星, 運入財鄕, 却宜退身避職. 劫財羊刃, 且忌時逢, 歲運併臨, 災殃立至.

여섯 癸 일간이 時에서 만일 寅의 자리를 만나면, 年·月에서 戊·己 두 방향을 꺼린다. 甲子 일주가 또 子時를 만나면, 庚·辛·申·酉·丑·午를 두려워한다. 辛癸 일간이 丑 지지를 많이 만나면 정관이 있는 것이 좋지 않으며, 年·時에서 子·巳 두 자리를 만나면 명예

와 부가 헛되게 된다. 공록·공귀는 미리 채워지면 흉하다. 시상편재
는 다른 자리에 또 보이는 것을 꺼린다. 여섯 辛 일간이 時에서 戊子
를 만나면, 午의 자리를 싫어하며 운은 서방이 좋다. 오행에서 월지
편관을 만나면, 年·時 중에서 제복하면 좋다. 비슷한 것으로는 정관
을 제거하고 칠살을 남기는 것이 있고, 또한 칠살을 제거하고 정관을
남기는 것이 있다. 사주에서 칠살이 순일하고 제복이 있으면 반드시
일품의 높은 지위에 있게 된다. 대략 하나의 정관이 보여야 하니, 정관
과 칠살이 혼잡되면 도리어 천하다. 戊 일간이 午월에 태어나면 양인
이라고 보지 말아야 하며, 時·年에 火가 많으면, 도리어 인수가 된다.
월령에서 비록 건록을 만나더라도 칠살이 모여 흉이 되는 것을 절대
로 꺼린다. 정관과 칠살이 뒤섞여 있으면, 도리어 칠살을 합하는 것이
있으면 귀하게 된다. 사주 가운데 정관이 너무 왕성하면, 일간이 허약
하다고 이름한다. 일간이 너무 왕성하여 의지할 데가 없으면, 만일 승
려가 되지 않으면 도사가 된다. 인수가 생월에 있으면, 年·時에서 재
성을 보는 것을 꺼리며, 운이 재의 방향으로 들어가면, 오히려 물러나
고 자리를 피하는 것이 좋다. 겁재·양인은 또한 운에서 만나는 것을
꺼리며, 태세와 대운에서 함께 오면, 재앙이 바로 닥친다.

　十干背祿, 歲時, 喜見財星, 運至比肩, 號曰背祿逐馬. 五行正貴,
忌衝刑剋破之宮. 四柱干支, 喜三合六合之地. 日干無氣, 時逢陽刃,
不爲凶. 神煞兩停, 喜者存之, 憎者棄之. 地支天干, 合多, 亦貪合忘
官. 四柱殺旺, 運純身旺, 爲官淸貴. 凡見天元太弱, 內有弱處復生.
柱中七煞全彰, 身旺極貧. 無殺女人之命, 一貴可作良人. 貴衆合

多, 定是師尼娼妓. 偏官時遇, 制伏太過, 乃是貧儒. 四柱傷官, 運入官鄉, 又破. 五行絕處, 即是胎元, 生日逢之, 名曰受氣. 是以陰陽罕測, 不可一理而推. 務要神分貴賤, 略敷古聖之遺迹, 約以今賢之博覽. 若遵此法, 參詳鑒命, 無差無忒.

십간이 녹을 등지면, 연이나 시에서 재를 보는 것이 좋은데, 운이 비견에 이르면 배록축마라고 부른다. 오행의 정관은 충형극파의 자리를 꺼린다. 사주 간지는 삼합과 육합의 지지를 좋아한다. 일간은 기가 없으면, 운에서 양인을 만나도 흉이 되지 않는다. 길신과 흉살이 둘 다 있으면, 좋은 것을 남기고 싫은 것을 버린다. 지지와 천간에서 합이 많으면 또한 합을 탐해서 관을 잊는다. 사주에서 칠살이 왕성하고 운이 순일하며 일간이 왕성하면 관직이 맑고 귀하게 된다. 무릇 천원이 너무 약하게 보여도 그 안에는 약한 곳에서 다시 생하는 것이 있다. 사주 중에 칠살이 모두 드러나면 일간이 왕성하더라도 매우 가난하다. 칠살이 없는 여자의 명은 하나의 정관으로 귀한 사람이 될 수 있다. 정관이 많고 합이 많으면, 반드시 비구니나 기생이다. 편관을 時에서 만나 제복이 너무 지나치면 곧 가난한 선비가 된다. 사주에 상관이 있는데, 운이 관의 방향으로 들어가면 또한 무너진다. 오행의 절처는 즉 태원이며, 생일이 그것을 만나면, 이름하여 수기라고 한다. 따라서 음양은 헤아리기 어려우니, 하나의 이치로 추론하면 안 되고, 신처럼 귀천을 구분해야 하는데, 대략 옛 성인의 유적을 부연하고, 지금 현인들의 넓은 시야를 요약했으니, 만약 이 법을 준수하고 자세하게 참고하여 명을 본다면, 차이도 없고 오차도 없을 것이다.

10. 계선편(繼善篇)[41]

人稟天地命屬陰陽, 生居覆載之內, 盡在五行之間. 欲知貴賤, 先觀月令, 乃提綱. 次斷吉凶, 專用日干爲主本. 三元, 要成格局, 四柱喜見財官. 用神, 不可損傷, 日主最宜健旺. 年傷日干, 名爲本主不和. 歲月時中大怕煞官渾雜. 取用, 憑於生月, 當推究於淺深, 發覺在於日時, 要消詳於强弱. 官星正氣, 忌見衝刑. 時上偏財, 怕逢兄弟. 生氣印綬, 利官運, 畏入財鄕. 七煞偏官, 喜制伏, 不宜太過. 傷官, 復行官運, 不測災來. 陽刃, 衝合歲君, 勃然禍至. 富而且貴, 定因財旺生官. 非夭卽貧, 必是身衰遇鬼.

사람은 천지의 기운을 받기에 명은 음양에 속하고, 하늘이 덮어주고 땅이 실어주는 속에서 태어나 살고 있으며, 오행의 사이에서 다한다. 귀천을 알고자 하면, 먼저 월령을 먼저 보는데, 곧 제강이다. 다음으로 길흉을 판단할 때는 오로지 일간으로 主와 本을 삼는다. 삼원은 격국을 이루어야 하고, 사주는 재관을 보는 것이 좋다. 용사하는 신은 손상되면 안 되고 일주는 건왕한 것이 가장 좋다. 年이 일간을 손상하면, 이름하여 本과 主가 불화한다. 年·月·時 중에서 칠살과 정관이 혼잡한 것을 매우 두려워한다. 용사하는 신을 취할 때는 태어난 월에 의거하여 마땅히 심천을 규명해야 하고, 깨달음은 日·時에 달려 있으니 강·약을 자세히 살펴야 한다. 정관의 바른 기운은 충·형을 보는

---

41) 繼善이란 말은 『周易』 「繫辭上傳」의 "道를 계승하는 것이 善이요, 道를 이루는 것이 性이다(繼之者善也, 成之者性也)."에서 따온 것이다.

것을 꺼린다. 시상 편재는 형제를 만나는 것을 두려워한다. 생하는 기운인 인수는 관운을 이롭게 여기고, 재의 방향으로 들어가는 것을 두려워한다. 칠살과 편관은 제복이 좋지만 너무 지나치면 좋지 않다. 상관이 다시 관운으로 가면 재앙이 오는 것을 예측할 수 없다. 양인이 태세를 충하거나 합하면 갑자기 화가 닥친다. 부유하고 또 귀한 것은 반드시 재가 왕성하여 관을 생하기 때문이다. 요절하지 않으면 가난한 것은 반드시 일간이 쇠약한데 칠살을 만났기 때문이다.

六壬生, 臨午位, 號曰祿馬同鄕. 癸日, 坐向巳宮, 乃是財官雙美. 財多身弱, 正爲富屋貧人. 以殺化權, 定顯寒門貴客. 登科甲第, 官星臨無破之宮. 納粟奏名, 財庫, 居生旺之地. 官貴太盛, 纔臨旺處必傾. 印綬被傷, 倘若榮華不久. 有官有印無破, 作廊廟之材. 無官無印有格, 乃朝廷備用. 名標金榜, 須還身旺逢官. 得佐聖君, 貴在衝官逢合. 非格非局, 見之, 焉得爲奇. 身弱遇官, 得後徒然費力. 小人命內, 亦有正印官星. 君子格中, 也犯七煞陽刃. 爲人好殺, 陽刃, 必犯於偏官. 素食慈心, 印綬, 遂逢於天德. 生平少病, 日主剛強. 一世安然, 財命有氣. 官刑不犯, 印綬天德同宮.

여섯 壬 일간이 午의 자리에 임하면 녹마동향이라고 부른다. 癸 일간이 앉은 방향이 巳의 자리이면 곧 재·관이 둘 다 좋다. 재가 많은데 일간이 약하면 바로 부잣집에 있는 가난한 사람이다. 칠살이 권한을 바꾸면 반드시 가난한 가문을 빛내는 귀한 사람이 된다. 갑과 급제는 정관이 파괴되지 않는 자리에 임해야 한다. 곡식을 바쳐 관직을 받

는 것은 재의 창고가 생왕한 지지에 있기 때문이다. 정관이 너무 왕성
하면, 잠깐 왕성한 곳으로 임할 때도 반드시 기운다. 인수가 손상당하
면, 비록 영화로운 듯 하지만 오래가지 못한다. 정관과 인수가 있고 파
괴되지 않으면, 조정의 인재가 된다. 정관도 없고 인수가 없어도 격이
있으면 곧 조정에 등용된다. 과거에 급제하기 위해서는 반드시 일간
이 왕성하고 정관을 만나야 한다. 성군을 보좌하는 귀함은 정관을 충
하거나 합을 만나는데 달려 있다. 격도 없고 국도 없는 것을 보면 어찌
기묘하게 될 수 있겠는가? 일간이 약한데 정관을 만나면 얻은 후에 한
갓 힘만 낭비할 뿐이다. 소인의 명 안에도 또한 정인과 정관이 있다.
군자의 격 중에도 또한 칠살이나 양인이 있다. 사람됨이 살생을 좋아
하는 것은 양인이 반드시 편관을 범하기 때문이다. 소박하게 먹는 자
비로운 마음은 인수가 드디어 천덕을 만났기 때문이다. 평생 병이 적
은 것은 일주가 강강하기 때문이다. 일생 편안한 것은 財命에 기운이
있기 때문이다. 관청의 형벌을 당하지 않는 것은 인수와 천덕이 같은
자리에 있기 때문이다.

少樂多憂, 蓋緣日主自弱. 身强煞淺, 假煞爲權. 煞重身輕, 終身
有損. 衰則變官爲鬼, 旺則化鬼爲官. 月生日干, 運行, 不喜財鄉. 日
主無依, 却喜運逢財地. 時歸日祿, 生平不喜官星. 陰若朝陽, 切忌
丙丁離位. 太歲衆煞之主, 入命, 未必爲災, 若遇戰鬥之鄉, 必主刑
於本命. 歲傷日干, 有禍必輕, 日犯歲君, 災殃必重. 五行有救, 其
年, 返必爲財, 四柱無情, 故論名爲剋歲. 庚辛, 來傷甲乙, 丙丁先見
無危. 丙丁返剋庚辛, 壬癸遇之不畏. 戊己, 愁逢甲乙, 干頭須要庚

辛. 壬癸, 慮遭戊己, 甲乙臨之有救. 壬來克丙, 須要戊字當頭. 癸去
傷丁, 却喜己來相制. 庚得壬男, 制丙, 夭作長年.

　즐거움은 적은데 우환이 많은 것은 대개 일주가 스스로 약하기 때
문이다. 일간이 강하고 칠살이 약하면 칠살을 빌어서 권한으로 삼는
다. 칠살이 무겁고 일간이 가벼우면 종신토록 손상이 있다. 일간이 쇠
약하면 정관이 변해서 칠살이 되지만, 일간이 왕성하면 칠살이 변하
여 정관이 된다. 월이 일간을 생하면 운이 행함에 재의 방향이 좋지 않
는다. 일주가 (왕성하여) 의지할 곳이 없으면 도리어 운이 재의 지지
로 가는 것이 좋다. 시에 일간의 녹이 귀의하면 평생토록 정관이 있으
면 좋지 않다. 음간이 만약 朝陽하면, 丙丁이 나란히 있는 것을 절대
꺼린다. 태세에서 칠살이 많더라도 명에 들어와 반드시 재앙이 되는
것은 아니지만, 만일 전투하는 방향을 만나면 반드시 본명을 주로 형
극한다. 태세가 일간을 상하게 하면 재앙이 있어도 반드시 가볍지만,
일간이 세군을 범하면 재앙은 반드시 무겁다. 오행에 구제해주는 것
이 있으면 그 해는 도리어 반드시 재물이 되지만, 사주가 무정하면 논
하여 이르기를 태세를 극한다고 한다. 庚辛이 와서 甲乙을 상하게 하
더라도 丙丁이 먼저 보이면 위태롭지 않다. 丙丁이 도리어 庚辛을 극
하면 壬癸가 그것을 만나도 두렵지 않다. 戊己는 甲乙을 만나는 것을
근심하니 천간에 반드시 庚辛이 필요하다. 壬癸는 戊己를 만나는 것
을 염려하니, 甲乙이 거기에 있으면 구함이 있다. 壬이 와서 丙을 극
하면 戊가 당연히 천간에 있어야 한다. 癸가 가서 丁을 상하게 하면
도리어 己가 와서 서로 제복하는 것을 좋아한다. 庚이 壬 아들을 얻어

丙火를 제복하면 요절하지 않고 장수한다.

甲以乙妹妻庚, 凶爲吉兆. 天元雖旺, 若無依倚, 是常人. 日主太
柔, 縱遇財官, 是寒士. 女人無煞, 帶二德, 可兩國之封. 男命身強遇
三奇, 爲一品之貴. 甲逢己而生旺, 定懷中正之心. 丁遇壬而太過,
必犯淫訛之亂. 丙臨申位, 逢陽水, 難獲延年. 己入亥宮, 見陰木, 終
爲損壽. 庚值寅而遇丙, 主旺無危. 乙遇巳而見辛, 身衰有禍. 乙逢
庚旺, 長存仁義之風. 丙合辛生, 鎭掌威權之職. 一木疊逢火位, 名
爲氣散之文. 獨水三犯庚辛, 號曰體全之象. 水歸冬旺, 生平樂自無
憂. 木在春生, 處世安然必壽.

甲은 乙 누이동생을 庚에게 시집보내면 흉이 변하여 길조가 된다.
일간이 비록 왕성하더라도 만약 의지하고 기댈 곳이 없으면 이는 평
범한 사람이다. 일주가 너무 약하면 비록 재·관을 만나더라도 이는
가난한 선비이다. 여자는 칠살이 없더라도 두 가지 덕을 가지면, 두 나
라에서 녹봉을 받는 것이 가능하다. 남자의 명에서 일간이 강하고 삼
기[42]를 만나면 일품의 귀한 인물이 된다. 甲이 己를 만나고 생왕하면,
반드시 중정의 마음을 품는다. 丁이 壬을 만나는데 너무 지나치면 반
드시 음란하고 그릇된 혼란을 범한다. 丙이 申의 자리에 임하고 壬水
를 만나면 수명을 늘리기 어렵다. 己가 亥 자리에 들어가고 乙木을 보
면 끝내 장수를 손상한다. 庚이 寅을 가지고 丙을 만나더라도 일주가

---

42) 財·官·印綬를 말한다.

왕성하면 위태롭지 않다. 乙이 巳를 만나고 辛을 보는데 일간이 쇠약하면 화가 있다. 乙 일간이 庚을 만나더라도 왕성하면 인의의 기풍을 오래 보존한다. 丙이 辛을 합하게 태어나면 권위 있는 직책을 장악한다. 하나의 木 일간이 火의 자리를 거듭 만나면 이름하여 氣가 흩어지는 문관이 된다. 하나의 水 일간이 庚辛을 세 번 범하면 완전무결한 모습이라고 한다. 水가 겨울이 왕성한 곳에 귀의하면 평생 즐겁고 저절로 우환이 없다. 木이 봄에 태어나면, 처세가 편안하고 반드시 장수한다.

金弱, 遇火炎之地, 血疾無疑. 土虛, 逢木旺之鄕, 脾傷定論. 筋疼骨痛, 蓋因木被金傷. 眼暗目昏, 必是火遭水克. 金逢艮而遇土, 號曰還魂. 水入巽而見金, 名爲不絶. 土臨卯位, 未中年, 便欲灰心. 金遇火鄕, 雖少壯, 必然挫志. 金木交爭刑戰, 仁義俱無. 水火遞互相傷, 是非日有. 木從水養, 水盛而木則飄流. 金賴土生, 土厚而金遭埋沒. 是以五行, 不可偏枯, 務要稟中和之氣, 更能絶慮忘思鑒命, 無差無誤.

金이 약한데 화염의 지지를 만나면 혈 질환을 의심할 필요없다. 土가 허한데 木이 왕성한 방향을 만나면, 비장이 상한다는 것이 정론이다. 근골 통증은 대개 木이 金에게 손상당했기 때문이다. 눈이 어둡고 혼미한 것은 반드시 火가 水의 극을 당했기 때문이다. 金이 艮 방향을 만나더라도 土를 만나면 혼이 돌아온다고 부른다. 水가 巽 방향으로 들어가더라도 金을 보면 끊어지지 않는다고 한다. 土가 卯의 자리에 있으면 아직 중년이 아닌데도 곧 회심하고자 한다. 金이 火 방향을 만나면 비록 젊어서는 힘차지만 반드시 의지가 꺽인다. 金과 木이 죽이고 싸우는 것을 서로 다투면 인의가 모두 없다. 水와 火가 번갈아 서로 상하면 시비가 날마다 있다. 木은 水로부터 양육되지만 水가 왕성하면 木이 표류한다. 金은 土에 의지하여 태어나는데 土가 두터우면 金이 매몰된다. 따라서 오행은 치우치면 안 되고 중화의 기운을 물려받아야 하니, 또한 근심과 망상을 끊고 감명할 수 있으면 착오가 없을 것이다.

11. 간명방식(看命入式)

(1) 정관(正官)

甲見辛之類, 乃陰見陽官, 陽見陰官, 陰陽配合, 成其道也. 大抵
要行官旺鄕, 月令支中取之是也. 月令者, 提綱也, 看命先看提綱,
方看其餘. 旣曰正官, 固難得, 復行官旺之鄕, 或是有成局, 及行不
傷官之地, 幷經財旺之鄕, 皆是作福之處. 正官乃貴氣之物, 大忌刑
衝破害, 及於年時干, 皆有官星隱露, 恐福尠矣. 又須看年時上, 別
有是何入格, 作福去處, 方可斷其吉凶. 苟一途而取則不能通變, 必
有差毫釐, 繆千里之患. 經曰通變, 以爲神者是也. 正官或多, 反不
爲福, 何以言之.

甲이 辛을 보는 종류로서 곧 陰이 陽을 보는 것도 정관이고 陽이
陰을 보는 것도 정관이니, 음과 양이 짝을 지어 그 도를 이룬다. 대체
로 정관이 왕성한 방향으로 가야 하며, 월령의 지지 중에서 정관을 취
하는 것이 이것이다. 월령은 제강이니, 간명에서는 제강을 먼저 보고
비로소 그 나머지를 본다. 이미 말했듯이 정관은 진실로 얻기 어려운
데, 다시 정관이 왕성한 방향으로 가거나, 혹 局을 이루거나, 정관을
상하지 않는 지지로 가야 하며, 아울러 재가 왕성한 방향으로 가면 모
두 복을 만드는 곳이다. 정관은 곧 귀한 기운의 종류로서 형충파해를
매우 꺼리며, 연간과 시간에 모두 정관이 숨겨져 있거나 드러나서 복
이 줄어드는 것을 두려워할 것이다. 또한 반드시 연이나 시에서 별도

로 이것이 어떻게 격을 이루어서 복을 만드는 거처가 있는지를 보아야 비로소 그 길흉을 판단할 수 있다. 만일 한 가지 방법으로만 취하면 통변할 수 없으니, 반드시 털끝만큼의 차이가 있어도 천리에 이르는 우환을 만들 것이다. 『경』에서 이르기를, 통변은 신비롭다는 것이 이것이라고 했다. 정관이 혹시 많으면 도리어 복이 되지 않는다고 하는데, 왜 그렇게 말하는가?

蓋人之命, 貴得中和之氣, 太過與不及, 皆不可, 故曰太過與不及同. 中和之氣爲福厚, 偏黨之剋爲災殃. 既用提綱作正官, 年時支干位或有一偏官, 便雜矣, 不可不仔細以輕重推測也.

대개 사람의 명에서 중화의 기운을 얻는 것을 중시하니, 너무 지나친 것과 미치지 못한 것은 모두 안 되기 때문에 따라서 너무 지나친 것과 미치지 못한 것은 같다고 말한다. 중화의 기운은 복을 두텁게 만들지만, 치우친 무리의 극은 재앙을 만든다. 이미 월에서 정관을 이루고 있으면, 연이나 시의 간지 자리에 혹 하나의 편관이라도 있으면 곧 혼잡한 것이니, 자세히 경중으로 추측하지 않으면 안 된다.

(2) 편관(偏官)

何謂之偏官. 蓋陽見陽官, 陰見陰官, 不成配偶. 猶如經言二女不
能同居, 二男不可並處是也. 偏官, 即七煞, 要制伏. 蓋偏官七煞, 即
小人, 小人無知多凶暴, 無忌憚, 乃能勞力, 以養君子而服役. 護衛
君子者. 小人也, 惟是不懲不戒, 無術以控制之則不能馴伏而爲用.
故楊子曰御得其道則狙詐咸作使, 御失其道則狙詐咸作敵. 小人者,
狙詐也, 要控御, 得其道耳. 一失控御, 小人得權則禍立見矣. 經曰
人有偏官, 如抱虎而眠, 雖借其威足以攝群畜, 稍失關防, 必爲其噬
臍, 不可不慮也.

무엇을 일러 편관이라고 하는가? 대개 陽이 陽을 보는 것도 편관이
고 陰이 陰을 보는 것도 편관이니 짝을 이루지 못하는 것이다. 비유하
자면 『경』에서 두 여자는 동거할 수 없고, 두 남자는 함께 거처할 수
없다고 한 말이 바로 이것이다. 편관은 즉 칠살이니 제복이 필요하다.
대개 편관·칠살은 즉 소인이니, 소인은 무지하고 대부분 흉폭하고 두
려움이 없으나, 곧 노력하여 군자를 봉양하고 섬길 수 있다. 군자를 호
위하는 것은 소인인데, 다만 징계하지 않으면 경계하지 않으니, 기술
로 그들을 제어하지 못하면 길들여 써먹을 수 없다. 따라서 양자[43]가

---

43) 楊子는 원래 전국시대의 사상가인 楊朱를 높이는 말이다. 한편 이름이 비슷한 揚子가
   있는데, 前漢과 後漢의 사이에 王莽이 쿠데타를 통해 新나라를 세울 때 王莽을 도운 揚
   雄을 높이는 말이다. 우리나라 문헌에서는 新나라의 揚雄을 楊子로 표기하는 경우가 많
   았는데, 여기서의 楊子도 揚子의 誤記로 보인다. 揚子는 『法言』, 『太玄』 등의 저술을
   남겼으나, 王莽의 쿠데타를 도운 莽大夫의 저서라 하여 대부분 전해지지 않는다.

말하기를, 지휘가 그 도를 얻으면 교활한 꾀도 모두 사용할 수 있지만, 지휘가 그 도를 잃으면 교활한 꾀는 모두 적을 만들 것이라고 했다[44]. 소인은 교활한 꾀를 부리니 지휘가 그 도를 얻어야 할 뿐이다. 한번이라도 지휘가 정당한 방법을 잃어 소인이 권한을 얻으면 재앙이 바로 나타날 것이다. 『경』에서 이르기를, 사람이 편관을 가지면 호랑이를 안고 자는 것과 같으니, 비록 그 위엄을 빌어 여러 가축을 두렵게 할 수 있더라도, 조금이라도 경계를 잃으면 반드시 배꼽을 물어뜯게 되므로 염려하지 않을 수 없다고 했다.

如遇三刑俱全, 陽刃在日及時, 又有六害, 復遇魁剛相衝, 如是人之凶, 不可具述. 制伏得位, 運復經行制伏之鄕, 此大貴也. 苟如前者凶神俱聚, 運遊煞旺之鄕, 凶禍有不可言可知也. 如有一殺而制伏有二三, 復行制伏之運, 反不作福. 何以言之. 蓋盡法, 無法, 雖猛如狼, 不能逞技矣. 是又不可專言制伏, 要須輕重得所, 不可太甚, 亦不可不及, 須仔細審詳而言, 則禍福如影響耳.

예컨대 삼형이 온전히 갖추어지고, 양인이 日과 時에 있으며, 또한 육해가 있고, 다시 괴강의 상충을 만나면 이러한 사람의 흉은 모두 열거할 수 없다. 제복이 자리를 얻고 운이 다시 제복의 방향을 거쳐 가면 이것은 크게 귀한 것이다. 만일 앞에서와 같이 흉신이 함께 모이고 운

<hr />

44) 『法言』, 「問道卷第四」 : 지휘가 정당한 방법을 얻으면 천하의 전략이 모두 사용될 수 있지만, 지휘가 정당한 방법을 잃으면 천하의 전략은 모두 적을 만들 것이다.(御得其道, 則天下狙詐咸作使, 御失其道, 則天下狙詐咸作敵)

이 칠살이 왕성한 방향에서 놀면 흉화는 말하지 않아도 알 수 있다. 예컨대 하나의 칠살이 있는데 제복이 두세 개 있고, 다시 제복의 운으로 가면 도리어 복이 되지 않는다. 왜 그렇게 말하는가? 대개 법을 다 쓰면 무법상태가 되니, 모름지기 사납기가 이리와 같더라도 그 이리는 재주를 부릴 수 없을 것이다. 이래서 또한 제복만을 오로지 말하면 안되고 반드시 경중을 따져야 하는데, 너무 심해도 안 되고 미치지 못해도 안 되니, 반드시 자세히 살펴서 말하면 즉 화복은 그림자와 메아리 같을 뿐이다.

(3) 정재(正財)

何謂之正財. 猶如正官之意, 是陰見陽財, 陽見陰財. 大抵正財, 吾妻之財也, 人之女, 齎財以事我, 必精神康強然後, 可以享用之. 如吾身方且自萎懦而不振, 雖妻財豐厚, 但能目視, 終不可一毫受用, 故財要得時, 不要財多. 若財多而自家日本有力, 可以勝任, 當化作官. 天元一氣, 羸弱, 貧薄難治, 是以樂於身旺, 不要行剋制之鄉, 剋制者, 官鬼也. 又懼所生之月令, 正吾衰病之地. 又四柱無父母以生之, 反又見財, 謂之財多不喜. 力不任財, 禍患百出, 雖少年經休囚之位故, 是不如意, 事多頻倂. 或中年, 或末年, 復臨父母之鄉, 或三合可以助我者, 則勃然而興, 不可禦也. 倘少年乘旺, 老在脫局, 不惟窮途恓惶, 兼且是非紛起.

무엇을 정재라고 하는가? 비유하자면 정관의 취지와 같으니, 이는 음이 양을 보는 재이거나 양이 음을 보는 재이다. 대개 정재는 내 처의 재이고, 남의 여자가 재물을 주면서 나를 섬기니 반드시 정신이 강건한 후에 정재를 누릴 수 있다. 만일 내 몸이 또 스스로 병들어 나약하고 부진하면, 비록 처재가 푸짐하더라도 다만 눈으로 볼 수 있을 뿐이고 결국 조금도 받아 쓸 수 없으니, 따라서 정재는 득령해야 하지만, 정재가 많을 필요는 없다. 만일 정재가 많고 자기 일주가 본래 힘이 있으면 감당할 수 있어서 마땅히 변화시켜 정관을 만든다. 천간의 일기가 허약하면 빈궁함을 구제하지 못하는데, 따라서 일간이 왕성한 방향에서는 즐겁지만 일간을 극제하는 방향으로 가면 안 된다. 극제하는 것은 관귀이다. 또한 태어난 월령은 바로 내가 쇠약하고 병드는 지지를 두려워한다. 또한 사주에 부모가 생하는 것이 없는 경우 도리어 재를 보면 그것을 일러 재가 많아도 좋지 않다고 한다. 힘이 재를 감당할 수 없으면 화환이 많이 나오는데, 비록 젊은 시기에 휴수의 자리를 거치더라도 뜻대로 되지 않으며 일은 많지만 번거로움이 겹친다. 혹 중년이나 말년에 다시 인수의 방향으로 임하거나 혹 삼합하여 나를 도울 수 있으면 갑자기 흥하는 것을 막을 수 없다. 가령 소년에 왕성했지만 노년에 관을 벗어나면 궁박한 처지에서 쩔쩔맬 뿐만 아니라 또한 시비가 자꾸 생긴다.

蓋財者, 起爭之端也. 若或四柱相生, 別帶貴格, 不值空亡, 又行旺位運, 三合財生, 皆是貴命. 其餘福之淺深, 皆隨入格輕重而言之. 財多生官, 要須身健. 財多盜氣, 本自身衰, 年運又或傷財, 必生奇禍. 或煞帶刑併七煞來臨, 凶不可言也.

대개 정재는 다툼을 일으키는 단서이다. 만약 사주가 상생하고 별도로 귀격을 띠면서 공망에 해당되지 않고 왕성한 자리의 운으로 가서 삼합한 정재가 생기면 모두 귀한 명이다. 그 나머지 복의 심천은 모두 이루어진 격의 경중에 따라 말한다. 정재가 많고 정관을 생하면 반드시 일간이 건강해야 한다. 정재가 많아 기운을 빼앗기면 본래 자신이 쇠약하며, 태세나 대운에서 또 혹시 정재를 손상하면 반드시 기이한 화가 발생한다. 혹시 칠살이 형을 띠고 또 칠살이 오면 그 흉은 이루 다 말할 수 없다.

(4) 편재(偏財)

何謂之偏財. 蓋陰見陰財, 陽見陽財也. 猶甲見戊, 乙見己, 丙見
申, 丁見申, 戊見壬, 己見癸, 庚見甲, 辛見乙, 壬見丙, 癸見丁者是
也. 然而偏財乃衆人之財, 只恐姊妹兄弟, 有奪之則福不全, 不有官
星, 禍患百出. 故云偏財, 好出, 亦不懼藏, 唯怕有以分奪, 反空亡
耳. 有一於此, 官將不成, 財將不在. 經曰背祿逐馬, 守窮途而恓惶
是也. 財弱亦待曆旺鄉而榮. 財盛無所往而不妙, 且恐身勢無力耳.
偏財主人慷慨, 不甚吝財, 惟是得地, 不止財丰, 亦能旺官, 何以言
之. 蓋財盛自生官矣, 但爲人有情而多詐.

무엇을 편재라 부르는가? 대개 음이 음을 보는 재이고, 양이 양을
보는 재이다. 예컨대 甲이 戊, 乙이 己, 丙이 申, 丁이 申, 戊가 壬, 己
가 癸, 庚이 甲, 辛이 乙, 壬이 丙, 癸가 丁을 보는 것이 이것이다. 그
러나 편재는 곧 여러 사람들의 재이다. 다만 형제자매가 편재를 빼앗
아 복이 온전하지 못한 것을 두려워하는데, 정관이 없으면 화환이 많
이 나타난다. 따라서 편재라고 하며, 편재는 드러나는 것도 좋고 또한
감추어져 있어도 두려워하지 않지만, 다만 분탈되는 것이 있어 오히
려 공치고 망치는 것을 두려워할 뿐이다. 여기서 하나가 있는데, 정관
이 장차 이루어지지 않으면 편재도 장차 없을 것이다. 『경』에서 이르
기를, 녹을 등지고 말을 쫓으면 계속 궁박한 처지에서 허둥지둥한다
는 것이 이것이다. 편재가 약할 때는 또한 운수를 기다려 왕성한 방향
이면 영화롭다. 편재가 왕성하면 가는 곳마다 묘하지 않음이 없지만,

또한 일간의 기세에 힘이 없는 것을 두려워할 뿐이다. 편재는 주로 사람이 강개하고 그다지 재물을 아끼지 않는데, 다만 편재가 득지하면 편재가 풍부할 뿐만 아니라 또한 관을 왕성하게 할 수 있다. 왜 그렇게 말하는가? 대개 편재가 왕성하면 저절로 정관을 생할 것이지만, 다만 사람됨이 정감은 있지만 속이는 것이 많다.

蓋財能利己, 亦能招謗. 運行旺相, 福祿共臻, 只恐大旺兄弟, 必多破壞. 亦不義財多, 須看財與我之日干強弱相等, 行官鄉, 便可發祿. 若財盛而身弱, 運至官鄉, 是既被財之盜氣, 復被官之剋身, 不惟不發祿, 亦防禍患. 如四柱中, 先帶官星, 便作好命看. 若四柱中兄弟輩出, 縱入官鄉, 發祿必尠矣. 故曰要在識其變通矣.

대개 편재는 자기를 이롭게 할 수 있지만, 또한 비방을 초래할 수 있다. 운이 편재가 왕상으로 가면 복록이 함께 이르는데, 단지 크게 왕성한 형제를 두려워하니, 반드시 대부분 파괴하기 때문이다. 또한 편재가 많으면 의롭지 않으니, 반드시 재와 나의 일간의 강약이 서로 대등한 지를 보아야 하는데, 정관의 방향으로 가면 곧 녹이 발복할 수 있다. 만일 편재가 왕성하고 일간이 약한데 운이 정관의 방향으로 가면 이것은 이미 편재가 도둑맞는 기운이 있는 것이며, 다시 정관이 일간을 극하면 녹을 발하지 못할 뿐만 아니라 또한 화환을 막지도 못한다. 예컨대 사주중에서 먼저 정관을 띠면 곧 좋은 명을 이룬다고 본다. 만일 사주 중에 형제의 무리가 나오면 비록 관의 방향에 들어가더라도 발록은 반드시적을 것이다. 따라서 요점은 그 변통을 아는데 달려 있다고 말한다.

(5) 잡기(雜氣)

雜氣者, 蓋謂辰戌丑未之位也. 辰中, 有乙癸戊字, 戌中, 有辛丁戊字, 丑中, 有癸辛己字, 未中, 有丁乙己字, 此四者, 天地不正之氣也. 須看六甲何如, 以論之. 假如日干, 是甲而得丑月, 貴既在中, 辛則正官, 癸爲之印綬, 己則爲正財, 不知用何爲福, 要在四柱中, 看透出, 是何字, 隨其所出而言其吉凶. 有如前說法, 但庫中物, 皆閉藏, 須待有以開其扃鑰, 方言發祿. 所謂開扃鑰者, 何物也. 乃刑衝破害耳. 且四柱, 元有刑衝破害, 復行此等運氣則刑衝破害多, 反傷其福. 大抵雜氣, 要財多, 便是貴命. 若年時別入他格, 當以他格例斷之. 蓋此乃天地之雜, 不能純一故, 少力耳. 別格專於時年, 乃重事, 看命須審輕重, 以取禍福. 先論重者, 次言輕者, 百發百中矣, 其他當以類言之.

잡기는 대개 辰戌丑未의 자리를 말한다. 辰 중에는 乙癸戊가 있고, 戌 중에는 辛丁戊가 있으며, 丑 중에는 癸辛己가 있고, 未 중에는 丁乙己가 있으니 이 네 자는 천지의 바르지 않은 기운이다. 반드시 여섯 甲이 어떠한지를 보고 논해야 한다. 가령 日干이 甲이고 丑月에 태어나면 貴가 이미 그 가운데 있으니 辛은 정관이고 癸는 甲에게는 인수가 되며 己는 정재가 되는데, 어떤 것을 써야 복이 되는지 모르면 사주 중에서 투출된 것이 어떤 글자인 지 보고 그 투출된 것에 따라 그 길흉을 말해야 한다. 앞서 말한 법과 같이 다만 창고 가운데의 物은 모두 닫혀 감추어져 있어서 반드시 그 빗장과 자물쇠를 여는 것을 기다리니, (열면) 비로소 녹을 발한다고 말한다. 이른바 빗장과 자물쇠를 여는 것은 어떤 물건인가? 곧 형충파해일 따름이다. 또한 사주 원국에 형충파해가 있는데, 다시 이러한 운의 기운으로 가면 형충파해가 많아서 도리어 그 복을 상하게 한다. 대체로 잡기는 재가 많아야 곧 귀명이다. 만일 연이나 시에서 별도로 다른 격을 이루면 마땅히 이 격의 예로 판단해야 한다. 대개 이는 곧 천지의 기운이 섞인 것으로서 순일할 수 없기 때문에 적은 힘일 뿐이다. 별도의 격이 시나 연에서 온전하면 곧 중요한 일이 되니, 간명에서는 반드시 경중을 살펴서 화복을 취해야 한다. 먼저 중요한 것을 논하고 다음으로 가벼운 것을 논하면 백발백중일 것이니, 그 나머지도 마땅히 유추하여 말해야 한다.

(6) 일귀(日貴)[45]

　日貴者何. 即甲戊庚牛羊之類, 止有四日, 丁酉, 丁亥, 癸巳, 癸卯
耳, 最怕刑衝破害. 經曰崇爲寶也, 奇爲貴也. 所以貴人, 怕三刑六
害也. 貴神, 要聚於日, 運行, 怕空亡, 及運行太歲嘉會, 不要魁剛.
主人純粹有仁德有姿色, 不欺物. 或犯前戒則貧賤. 刑衝太甚, 貴人
生怒, 反成其禍, 不可不察. 日貴, 有時法類同, 須分晝夜貴, 日要日
貴, 夜要夜貴矣.

　일귀라는 것은 무엇인가? 즉 甲·戊·庚에게 丑·未 같은 것이지만,
단지 네 일주만이 있으니 丁酉, 丁亥, 癸巳, 癸卯일 뿐이며 형충파해
를 가장 두려워한다. 『경』에서는 높이면 보물이 되는 것이고, 기이한
것은 귀한 것이라고 했다. 따라서 귀인은 삼형과 육해를 두려워한다.
귀한 신은 일주에 모여야 하니, 대운의 흐름에서 공망을 두려워하고,
대운이 태세를 합하는 것을 좋아하지만, 괴강은 없어야 한다. 주로 사
람이 순수하고 인덕과 자색이 있으며 만물을 업신여기지 않는다. 혹
앞에서의 경계해야 하는 것을 범하면 가난하고 천하다. 형충이 너무
심해서 귀인이 노하면 도리어 그 재앙이 생기니 살피지 않으면 안 된
다. 일귀는 시법과 비슷하게 반드시 낮과 밤의 귀인을 나누어야 하니,
낮에는 일귀가 필요하고 밤에는 야귀가 필요할 것이다.

---

45) 天乙貴人은 4日이 있다(天乙貴人有四日).

(7) 공록·공귀(拱祿·拱貴)

所謂拱貴者, 甲寅日見甲子時辛, 丙戌日見丙申時辛, 戊申日見
戊午時乙, 乙未日見乙酉時庚, 拱祿, 拱貴同, 所謂拱祿者, 丁巳日
見丁未時, 己未日見己巳時, 癸丑見癸亥時, 癸亥見癸丑時, 戊辰見
戊午時. 所拱之地, 惟怕一位空亡, 卽拱不住矣. 用年日時上干, 以
拱之, 運行貴邊, 乃是發祿之位, 運行會合, 亦是亨通. 大怕刑衝破
害, 所拱之位, 又嫌實却虛位, 有一如此, 禍不旋踵, 更帶陽刃七煞,
凶不可言. 必爲人, 聰俊多能, 蓋由秀氣而發, 方免少凶, 多吉, 一有
觸之, 由如前說矣.

이른바 공귀[46]는 甲寅일이 甲子시를 보면 辛, 丙戌일이 丙申시를
보면 辛, 戊申일이 戊午시를 보면 乙, 乙未일이 乙酉시를 보면 庚을
맞잡고 끼우는 것이다. 공록은 공귀와 같은데, 이른바 공록[47]은 丁巳
일이 丁未시, 己未일이 己巳시, 癸丑일이 癸亥시, 癸亥일이 癸丑시,
戊辰일이 戊午시를 보는 것이다. 맞잡고 끼우는 지지는 오직 한 자리
라도 공망인 것을 두려워하는데, 즉 없는 것을 맞잡고 끼우지 못하기
때문일 것이다. 연일시의 천간을 이용하여 그것을 끼우거나, 대운이

---

46) 공귀는 귀한 것 즉 정관이나 정재를 맞잡고 끼워서 불러온다는 것이다. 즉 甲寅일이 甲
    子시를 보면 지지의 순서상 子와 寅의 사이에 있는 丑을 끼워 丑에서 甲의 정관인 辛을
    불러오고, 丙戌일이 丙申시를 보면 酉를 끼워 酉에서 丙의 정재인 辛을 불러오고, 戊申
    일이 戊午시를 보면 未를 끼워 未에서 戊의 정관인 乙을 불러오며, 乙未일이 乙酉시를
    보면 申을 끼워 申에서 乙의 정관인 庚을 불러온다는 것이다.
47) 공록은 일간의 녹을 맞잡고 끼워서 불러온다는 것이다. 즉 丁巳일이 丁未時를 보면 巳
    와 未의 사이에 있는 午를 끼워서 불러오는데, 午는 丁 일간에게 녹이 된다는 것이다.

행함에 貴한 쪽으로 가면 곧 녹을 발하는 자리가 되며, 대운이 행함에 회합해도 또한 형통한다. 끼우는 자리를 형충파해하는 것을 크게 꺼리며, 아울러 도리어 빈 자리를 채우는 것을 두려워하는데, 하나라도 이와 같으면 화가 되더라도 물러나지 않으며, 더욱이 양인이나 칠살을 띠게 되면 흉은 이루다 말할 수 없다. 반드시 사람됨이 총명하고 준수하며 다능한 것은 대개 빼어난 기운으로부터 말미암아 나와야 비로소 작은 흉은 모면하고 대부분 길하니, 하나라도 저촉되면 앞에서 말한 바와 같이 흉할 것이다.

(8) 금신(金神)

金神者, 止有三時, 癸酉己巳乙丑. 金神乃破敗之神, 要制伏, 入
火鄕爲勝. 如四柱中更帶七煞陽刃, 眞貴人也. 大抵威猛者, 以強暴
爲能, 威苟不專, 人得以侮, 故 必狼暴. 如虎動, 群獸旣攝, 威德, 行
矣. 然太剛必折, 不有以制之則寬猛, 不濟, 何以上履中和之道. 故
曰有剛者, 在馴伏調致其和, 福祿踵至. 雖然, 其人, 有剛斷明敏之
才, 崛強不可馴伏之志. 運行火鄕, 四柱, 有火局, 便爲貴命. 懼水
鄕, 則爲禍矣.

금신이라는 것은 단지 세 시만 있으니 癸酉, 己巳,[48] 乙丑이다. 금
신은 곧 무너지고 실패하는 신으로서 제복해야 하는데 火의 방향에
들어가면 이기게 된다. 예컨대 사주 중에서 또 칠살이나 양인을 띠면
참된 귀인이다. 대개 사나운 것은 강포를 능력으로 삼는데, 위엄이 만
일 온전하지 않고 남에게 무시당하면 따라서 반드시 이리처럼 포악하
다. 예컨대 호랑이가 움직이면 여러 짐승들이 이미 두려워하니 위엄
있는 덕이 행해질 것이다. 그러나 너무 강하면 반드시 부러지는데, 그
것을 제복하는 것이 없으면 너그러움과 사나움이 고르지 못하니 어떻

---

48) 『자평삼명통변연원』 원문에는 辛巳라고 되어 있으나, 辛 옆에 己라고 적혀 있다. 辛이
己의 오류라는 의미이며, 따라서 금신은 癸酉, 己巳, 乙丑로 볼 수 있다. 청초 진소암은
『命理約言』에서 금신을 부정하고 있는데, 『命理約言』에는 己巳로 되어 있다. 즉 옛 책
에서 甲己 일주가 乙丑, 己巳, 癸酉 세 시를 만나는 것을 취해 금신격으로 삼았는데, 대
개 巳酉丑 金局이고, 또 이 세 시중에서 두 시의 납음오행이 또한 金에 속할 뿐이다(舊
取甲己日遇乙丑己巳癸酉三時, 爲金神格, 蓋以巳酉丑金局, 而此三時中, 二時納音又
屬金耳). 또한 『命理約言』에는 甲己 일주가 乙丑, 己巳, 癸酉시를 만나는 것만 해당하
는 것으로 나와 있음을 알 수 있다.

게 위로써 중화의 도를 이행하겠는가? 그러므로 이르기를, 강한 것이 있으면 순하고 엎드려 그 조화를 조절하여 이루어야만 복록이 잇따른다. 비록 그 사람이 강단있고 명민한 재능이 있더라도 고집이 세서 길들이거나 제복할 수 없다는 뜻이니, 운이 火의 방향으로 가거나 사주에 火국이 있으면 곧 귀명이 된다. 水의 방향을 두려워하니 즉 재앙이 될 것이다.

(9) 일인·양인[49]

日刃陽刃同. 日刃, 有戊午·丙午·壬子日也. 與陽刃, 同法. 不喜
刑衝破害, 不喜會合. 兼愛七煞, 要行官鄉, 便爲貴命. 若四柱中, 一
來會合, 必主奇禍. 其人, 主眼大鬚長, 性剛果毅, 無惻隱惠慈之心,
有刻剝不恤之意. 三刑自刑魁剛全, 發跡於疆場. 如或無情, 或臨財
旺則主其凶, 或有救神, 要先審察. 如刑害俱全, 類皆得地, 貴不可
勝言者, 安得不舉也. 獨陽刃以時言之, 四柱中, 不要入財鄉, 怕衝
陽刃. 且如戊日刃, 在午, 忌行子正財運. 壬刃, 在子, 忌行午正財
運. 庚刃, 在酉, 忌行卯正財運.

일인과 양인은 같다. 일인에는 戊午, 丙午, 壬子 일주가 있으며, 양
인과 법이 같다. 형충파해는 좋지 않고, 회합도 좋지 않다. 또한 칠살
을 좋아하고 정관의 방향으로 가면 곧 귀명이 된다. 사주 중에서 하나
가 와서 삼합하거나 육합하면 반드시 주로 기이한 재앙이 있다. 그 사
람됨은 주로 눈이 크고 수염이 길며 성정이 강하고 결단력이 있으나,
측은하고 자혜로운 마음이 없으며, 각박하여 불쌍히 여기지 않는 마
음이 있다. 삼형, 자형, 괴강이 온전하면, 전장에서 입신출세한다. 예
컨대 혹 무정하거나 혹 재가 왕성한 방향으로 가면 주로 흉한데, 혹 구
하는 신이 있는지 먼저 자세히 살펴야 한다. 예컨대 형이나 해가 모두

---

49) 일에 있으면 일인이라 부르고, 시에 있으면 양인이라 부르는데, 일간이 왕성한 것을 좋
아하고 제극을 좋아하며 형이나 해를 필요로 한다(在日日日刃, 在時日陽刃, 喜身旺, 喜
制克, 要刑害)

온전하고 유사한 것들이 모두 득지하면 귀함은 이루 다 말할 수 없으니 어찌 열거하지 않겠는가? 다만 양인은 시로써 말하는 것이다. 사주 중에서는 재의 방향으로 들어가지 말아야 하고 양인을 충하는 것을 두려워한다. 예컨대 戊의 일인은 午에 있는데, 子 정재운으로 가는 것을 꺼린다. 壬의 일인은 子에 있는데, 午 정재운으로 가는 것을 꺼린다. 庚의 일인은 酉에 있는데, 卯정재운으로 가는 것을 꺼린다.

甲日刃, 在卯, 行巳午並辰戌丑未財運不妨, 忌酉運. 丙日刃, 在午, 行申酉庚辛刃不妨, 忌子運. 大抵陽刃, 要身旺, 喜有物以去之. 經曰人有鬼人, 物有鬼物, 逢之爲災, 去之爲福. 且如葛參政命, 壬申·壬子·戊午·乙卯. 戊日刃在午, 喜得乙卯時正官, 星制伏去了, 爲福矣.

甲의 일인은 卯에 있는데, 巳午와 辰戌丑未 재운으로 가면 무방하지만 酉 운은 꺼린다. 丙의 일인은 午에 있는데, 申酉庚辛 운으로 가면 무방하지만 子 운은 꺼린다.[50] 대개 양인은 일간이 왕성해야 하며, 양인을 제거하는 것이 있는 것을 좋아한다. 『경』에서 이르기를, 사람에게 鬼人이 있다면, 만물에게는 鬼物이 있는데, 그것을 만나면 재앙이 되지만 그것을 제거하면 복이 된다고 했다. 또 예컨대 갈참정의 명은 壬申, 壬子, 戊午, 乙卯이다. 戊의 일인은 午에 있는데 乙卯 시의

---

50) "甲의 일인은 卯에 있는데, 巳午와 辰戌丑未 재운으로 가는 것을 꺼리고 酉 운은 좋다. 丙의 일인은 午에 있는데, 申酉庚辛 운으로 가는 꺼리고 子 운은 좋다(甲日刃, 在卯, 忌行巳午並辰戌丑未財運, 喜酉運. 丙日刃, 在午, 忌行申酉庚辛刃不妨, 喜子運)"의 오류로 보인다.

정관를 얻어서 좋으며, 그 별이 제복하여 복이 되었을 것이다.

(10) 인수(印綬)

所謂印生我者, 即印綬也. 經日有官無印, 即非眞官, 有印無官, 反成其福. 何以言之, 大抵人生得物, 以相助相生相養, 使我得萬物 之見成, 豈不妙乎. 故主人多智慮兼豐厚. 蓋印綬畏財, 主人括囊. 故四柱中及運行官鬼, 反成其福, 蓋官鬼, 能生我印. 只畏其財而財 能傷我印. 此, 印綬之妙者, 多是受父母之蔭, 父母之資財, 見成安 享之人. 若人以兩三命相並, 當以印綬多者爲上. 又主一生, 少病能 飮食, 或若財多乘旺, 必多淹留. 雖喜官鬼, 而官鬼多, 或入格, 又不 可專以印綬言之. 假如甲乙日得亥子月生, 丙丁日得寅卯月生, 戊 己日得巳午月生, 庚辛日得辰戌丑未月生, 壬癸日得申酉月生者是 也, 其餘以類言之.

이른바 정인은 나를 생하는 것이니, 즉 인수이다. 『경』에서 이르기를, 정관이 있어도 인수가 없으면 참된 정관이 아니지만, 인수만 있으면 정관이 없어도 도리어 그 복을 이룬다고 했다. 왜 그렇게 말하는가? 대개 사람은 태어나 얻은 것은 서로 돕고 서로 생하며 서로 길러주는데, 나로 하여금 만물을 얻어서 이루게 하는 것이니 어찌 오묘하지 않은가? 따라서 주로 사람이 지혜와 사려가 많고 풍요롭다. 대개 인수는 재를 두려워하니 주로 사람이 주머니를 닫는다. 따라서 사주와 운에서 정관이나 칠살로 가면 도리어 그 복을 이루는데, 대개 정관이나 칠살은 나의 인수를 생하기 때문이다. 단지 그 재를 두려워하는데, 재는 도리어 나의 인수를 상할 수 있기 때문이다. 이러한 것은 인수의 묘함이니, 대부분 부모의 음덕과 부모의 자재를 받아서 이루고 편안함을 누리는 사람이 된다. 만일 사람의 두세 명을 서로 견주면 마땅히 인수가 많은 사람이 상격이 된다. 또한 주로 일생동안 병이 적으면서 먹고 마실 수 있는데, 혹 만일 재가 많고 왕성하면 반드시 대부분 오래 유지된다. 비록 정관이나 칠살이 좋고 정관이나 칠살이 많아도 혹 격을 이루니, 또한 오로지 인수로만 말하면 안 된다. 가령 甲乙 일간이 亥子월, 丙丁 일간이 寅卯월, 戊己 일간이 巳午월, 庚辛 일간이 辰戌丑未월, 壬癸 일간이 申酉월을 얻어 태어나는 것이 이것이며, 그 나머지는 이와 비슷하게 말한다.

最怕行印綬死絶之運, 或運臨死絶, 復有物以竊之, 即入黃泉, 不可疑也.

가장 두려운 것은 인수가 사절되는 운으로 가는 것이니, 혹 운이 사절에 임하거나 다시 인수를 훔치는 것이 있으면 곧 황천길로 들어가는 것을 의심할 필요 없다.

(11) 상관(傷官)

傷官者其驗如神. 傷官務要傷盡, 傷之不盡, 官來乘旺, 其禍, 不可勝言. 傷官見官, 爲禍百端. 倘月令在傷官之位, 及四柱次合作合, 皆在傷官之處, 又行身旺鄕, 眞貴人也. 傷官, 主人多才藝, 傲物氣高, 常以天下之人, 不如己而貴人亦憚之, 人亦惡之. 運一逢官, 禍不可言. 或有吉神, 可解, 必生惡疾, 以殘其軀, 不然, 連遭官事. 如運行剝官, 財神, 不旺, 皆是安享之人, 仔細消詳, 萬無一失也.

상관은 그 증험이 신과 같다. 상관은 그 상관이 소진되어야 하는데, 상관이 소진되지 않고 정관이 와서 왕성함을 타면 그 화는 이루다 말할 수 없다. 상관이 정관을 보면 재앙이 백 가지이다. 가령 월령이 상관의 자리에 있는데, 사주에서 합하고 합한 것이 모두 상관의 자리에 있으며, 일간이 왕성한 방향으로 가면 참된 귀인이다. 상관은 주로 사람이 재주와 기예가 많으나, 사물을 업신여기는 기운이 높아서 통상 천하의 사람들이 자기보다 못하다고 생각하니, 귀인도 상관을 꺼리고 남들도 상관을 싫어한다. 운에서 한번만 정관을 만나도 재앙은 이루다 말할 수 없다. 혹 길신이 있어서 해소할 수 있지만, 반드시 악질이 생겨서 몸을 해치거나 그렇지 않으면 연이어 관사를 당한다. 예컨대 운이 정관을 벗어나 가고 재신이 왕하지 않으면 모두 편히 누리는 사람이니 자세히 헤아리면 만에 하나라도 잃지 않는다.

(12) 일덕[51]

日德有五, 甲寅戊辰丙辰庚辰壬戌日, 是也. 其福要多而忌刑衝
破害, 惡官星, 憎財旺加臨會合, 懼空亡而忌魁剛, 此數者, 乃格之
大忌也. 大抵日德, 主人性格, 慈善, 日德居多, 福必豐厚, 運行身
旺, 大是奇絶. 若有財官, 加臨, 別尋他格. 正能免非橫之禍. 若旺
氣, 已衰, 運來至魁剛, 其死必矣. 或未發福, 運至魁剛, 體格, 即好,
如生禍患, 一脫於此, 必能再發, 終身力微, 不可不知也.

일덕은 다섯이 있으니 甲寅, 戊辰, 丙辰, 庚辰, 壬戌 일주가 이것
이다. 그 복은 많아야 하는데, 형충파해를 꺼리고 정관을 싫어하며, 재
가 왕성한데 회합이 오는 것을 싫어하고, 공망을 두려워하며 괴강을
꺼리니, 이러한 수는 곧 격이 크게 꺼리는 것이다. 대개 일덕은 주로
사람의 성격이 자비롭고 선하니 일덕이 많이 있으면 복이 반드시 풍
성하고, 운이 일간이 왕성한 방향으로 가면 대체로 극히 기이하다. 만
일 재관이 있는데 더하여 임하면 별도의 다른 격을 찾아야 바로 비명
횡사의 화를 면할 수 있다. 만일 왕성한 기운이 이미 쇠퇴했는데 운이
와서 괴강에 이르면 그 죽음이 필연일 것이다. 혹 발복하지 않았는데
운이 괴강에 이르면 체격은 이미 좋으나 화환을 발생시키는 것과 같
다. 한번 여기서 벗어나면 반드시 재발할 수 있고 종신토록 힘이 약하
니, 모르면 안 된다.

---

51) 일간은 왕성해야 하고 재관이 있으면 안 된다(只要身旺, 不要財官)

(13) 괴강(魁罡)[52]

魁罡者, 有四, 壬辰庚戌庚辰戊戌日, 是也. 如日位, 加臨者, 衆必
是福人, 運行身旺, 發福百端. 一見財官, 禍患, 立至. 主人性格, 聰
明, 文章振發, 臨事有斷, 惟是好殺, 若四柱有財及官, 或帶刑殺, 禍
不可測. 倘日獨處, 衝者太衆, 必是小人, 刑責不離, 窮必徹骨, 運臨
財官旺處, 亦防奇禍.

괴강은 넷이 있으니 壬辰, 庚戌, 庚辰, 戊戌 일주가 이것이다. 예컨
대 일주 자리에 가림하는 것이 많으면 반드시 복있는 사람이고, 운에
서 일간이 왕한 방향으로 가면 발복이 여러 가지이다. 한번 재관을 보
면 화환이 닥친다. 주로 사람의 성격이 총명하고 문장이 힘차고 일에
임하면 결단이 있으나, 다만 죽이는 것을 좋아하니, 만일 사주에 재와
정관이 있고 혹 형살을 띠면 재앙을 예측할 수 없다. 만약 일주에 홀로
있는데, 충하는 것이 너무 많으면 반드시 소인이며, 형벌과 책임에서
벗어나지 못하고 가난하여 반드시 뼈만 남을 것이니, 운이 재과이 왕
성한 곳으로 임하면 또한 기이한 재앙을 방비해야 한다.

---

52) 일간은 왕성해야만 하지만, 재관은 필요하지 않다(只要身旺, 不要財官).

(14) 시묘(時墓)

時墓之論, 謂財官之墓, 時臨之也. 要刑衝破害, 以開扃鑰, 其人,
必難發於少年. 經曰少年不發, 墓中人是也. 怕有物以壓之, 如丁用
壬辰爲庫官, 別有戊辰之類, 制之則丁不能官矣. 如此, 難作好命,
必得有物, 以破其戊, 雖得之, 發福已淺. 經曰鬼入墓中, 危疑者,
甚. 若觸類而長, 財亦如之, 此是秘言, 不可輕泄之.

시묘의 이론은 말하자면 재관의 묘가 시에 임한 것이다. 형충파해
로 빗장과 자물쇠를 열어야 하니, 그 사람은 반드시 젊어서 발복하기
는 어렵다. 『경』에서 이르기를, 젊어서 발복하지 못하는 것은 묘 가운
데의 사람이라고 했다. 어떤 物이 제압하는 것을 두려워하니, 예컨대
丁은 壬辰으로 창고의 정관으로 삼는데, 별도로 戊辰 같은 것이 있
어서 그것을 제복하면 丁은 정관으로 삼을 수 없다. 이와 같으면 좋은
명이 되기 어려우니, 반드시 어떤 것을 얻어 그 戊를 파괴해야 하는데
비록 그것을 얻더라도 발복은 이미 약하다. 『경』에서 이르기를, 칠살
이 묘 가운데에 들어오면 위태로움이 심하다. 만일 비슷한 종류에 의
거하여 의미를 확장하면[53] 재도 또한 묘에 들어가면 안 된다. 이는 비
밀스러운 말이니 그것을 가볍게 누설하면 안 된다.

---

53) 『『周易』』[繫辭上傳第九章] : 따라서 네 번 경영해서 역을 이루고 18번 변해서 괘를
이루고 팔괘가 작게 이루어지니, 그것을 당겨서 펴고 비슷한 종류에 의거하여 의미를 확
장하면 천하의 모든 일을 다할 것이다.(是故四營而成易, 十有八變而成卦, 八卦而小
成, 引而伸之, 觸類而長之, 天下之能事, 畢矣)

12. 십팔격국(十八格局)

(1) 정관격[54]

怕衝, 忌見傷官, 七煞, 大運亦然. 喜印綬, 喜身旺, 喜財星, 歲運
同.

충을 두려워하고 상관이나 칠살을 보는 것을 꺼리니, 대운에서도
또한 그러하다. 인수가 좋고 일간이 왕성한 것이 좋으며 재성이 좋으
니, 태세와 대운에서도 같다.

근세의 귀인이 이룬 격(近世貴人入格)

乙未年 乙酉月 甲子日 丙寅時 王知府(왕지부)

乙卯 戊子 丙子 庚寅 金丞相(김승상)

乙卯 丁亥 丁未 庚戌 金狀元(김장원)

癸未 乙卯 戊寅 壬子 陳侍郎(진시랑)

壬寅 壬寅 己卯 壬申 葉丞相(엽승상) 二寅不怕衝(두 개의 寅은 충을 두려워하지
않는다)

乙酉 辛巳 辛未 戊子 陳寺丞(진사승)

甲申 壬申 乙巳 戊寅 薛相公(설상공)

丁丑 壬寅 己巳 丙寅 范太傅(범태부)

---

54) 月 안에 정관이 있는 것이 이것이며, 時에 재성이 함께 있으면 참된 귀인이다(月內有官
星者是也. 時上兼有財星者, 眞貴人也).

丁酉 丙午 壬寅 甲辰 李知府(이지부)

己卯 癸酉 甲辰 丙寅 周郎中(주낭중)

庚申 戊子 丙申 庚寅 木尙書(목상서)

庚午 壬午 壬辰 辛亥 李國錄(이국록)

辛卯 庚子 丙申 庚寅 趙知府(조지부)

癸未 丁巳 癸未 乙卯 呂宮屬(여궁속)

(2) 잡기재관격(雜氣財官格)

辰戌丑未月生者, 是. 若煞旺官少則要制伏, 多則損之, 少則益之,
要行財旺之運.

진술축미 월에 태어난 사람이다. 만일 칠살이 왕성하고 정관이 약
하면 제복해야 하니, 많으면 덜고 적으면 보태야 하니. 재가 왕성한 운
으로 가야 한다.

戊子 乙丑 乙未 辛亥 李御帶(이어대)

壬子 甲辰 己卯 壬申 黃狀元(황장원)

壬子 丁未 庚戌 壬午 楊河王(양하왕)

戊子 壬戌 乙亥 丁亥 王尙書(왕상서)

丁丑 癸丑 己酉 戊辰 林侍郎(임시랑)

丙寅 戊戌 辛酉 戊子 張參政(장참정)

壬寅 甲辰 丁酉 庚子 王太尉(왕태위)

己卯 辛未 壬寅 辛亥 宣參政(선참정)

己卯 丁丑 丙寅 庚寅 秦龍圖(진용도)

癸巳 丙辰 丙午 癸巳 鄧知府(등지부)

庚午 己丑 乙卯 壬午 秦太師(진태사)

甲午 戊辰 乙卯 丙子 馮殿師(풍전사)

壬午 丁未 壬申 庚子 趙侍郎(조시랑)

癸未 乙丑 戊辰 辛酉 趙侍郎(조시랑)

癸未 己未 庚辰 丁亥 黎大鑒(려대감)

(3) 월상편관격[55]

喜身旺, 怕衝多, 爲人, 性重剛執不屈. 時偏官多者, 亦然, 喜見陽刃煞. 月上偏官, 用地支, 只要一位, 要行偏官運. 若有中了, 年時上, 又有之, 却不要行偏官旺運, 亦不要行官鄕, 歲君一同. 爲太過而反成禍, 須要行制伏得地之運, 方發. 與時偏官, 相似, 又不可專言制伏矣.

일간이 왕성한 것이 좋고 충이 많은 것을 두려워한다. 사람됨이 성품은 무겁고 강하며 고집을 굽히지 않는데, 시에 편관이 많아도 또한 그러하며, 양인과 칠살을 보는 것을 좋아한다. 월의 편관은 지지를 쓰니 단지 한 자리에만 있고 편관 운으로 가야 한다. 만일 이미 가운데에 있는데, 연과 시에서 또 있으면 도리어 편관이 왕성한 대운으로 가면 안 되고, 또한 정관의 방향으로 가면 안 되니 태세도 마찬가지다. 너무 지나치면 도리어 화가 되기 때문이니 반드시 제복이 득지하는 운으로 가야만 비로소 발한다. 시의 편관과 더불어 서로 비슷하니 또한 오로지 제복만을 말하면 안 될 것이다.

丙子 甲午 辛亥 辛卯 沈郞中(심낭중)
丙寅 戊戌 壬戌 辛丑 何參政(하참정)
丙寅 庚寅 戊辰 庚申 馬將士(마장사)

---

55) 칠살은 또한 일간이 생왕해야 한다(七煞也要日干生旺).

癸卯 丁巳 壬寅 甲辰 岳總領(악총령)

癸卯 乙卯 己巳 乙丑 蔣狀元(장장원)

丙辰 癸巳 壬戌 壬寅 老僕王(노복왕)

丙午 丙申 甲寅 丁卯 趙侍郎(조시랑)

甲申 乙亥 丙戌 庚寅 劉八門司(유팔문사)

丁亥 辛亥 丙申 庚寅 莫侍郎(막시랑)

(4) 시편재격(時偏財格)

如時上偏財, 與時上偏官, 相似, 只要時上一位, 不要多而三處,
不要再見財. 却怕衝, 與月上偏官一同. 偏財, 要行財旺運.

예컨대 시상편재는 시상편관과 서로 비슷하며, 단지 시에 한 자리
에만 있어야 하니, 많거나 세 곳에 있어서도 안 되고, 거듭 재를 보아
서도 안 된다. 도리어 충을 두려워하니 월상편관과 같다. 편재는 재가
왕성한 운으로 가야 한다.

庚寅 乙酉 甲子 戊辰 李參政(이참정)

癸亥 乙卯 乙未 壬午 吳相公(오상공)

乙未 甲申 丙申 庚寅 曾參政(증참정)

癸卯 戊午 丁丑 辛丑 陳尚書(진상서)

戊子 辛酉 戊申 壬子 曾知府(증지부)

甲午 丁丑 己未 癸酉 邢司令(형사령)

壬午 壬寅 庚子 甲申 高侍郎(고시랑)

乙酉 乙卯 辛卯 辛卯 侯知府(후지부)

丁亥 戊申 壬申 丙午 劉中書(유중서)

庚午 戊子 癸卯 丁巳 王步師(왕보사)

(5) 시상일위귀격(時上一位貴格)

夫時上, 只一位, 方爲貴, 或年月日又有, 反爲辛苦勞力之命也. 如時上一位七煞, 要本身自旺而三處有制伏多則行七煞旺運, 或三合得地, 可發. 若元無制伏則要行制伏之運, 可發. 或遇煞旺而無以制之則禍生矣. 月上偏官, 却怕衝與陽刃同, 時上偏官, 不怕衝與陽刃. 又要本身生日自旺, 如甲乙日, 在正二月生是也. 時偏官, 爲人性重剛執不屈, 月偏官多者, 亦然.

무릇 시에는 단지 하나의 자리만이 비로소 귀하니, 혹 연월일에 또 있으면 도리어 매우 고생하고 힘든 명이다. 예컨대 시상일위칠살은 일간이 스스로 왕성하고 세 곳에서 제복하는 것이 많으면 칠살이 왕성한 운으로 가야 하는데, 혹 삼합하여 득지하면 발할 수 있다. 만일 원국에 제복이 없으면 제복하는 운으로 가야 발할 수 있다. 혹 칠살이 왕한 것을 만났는데 그것을 제복하는 것이 없으면 화가 생길 것이다. 월상편관은 도리어 충과 양인이 같은 것을 두려워하지만, 시상편관은 충과 양인을 두려워하지 않는다. 또한 본신 일간이 스스로 왕해야 하니, 예컨대 甲乙 일간이 정월이나 2월에 태어나는 것이 이것이다. 시편관은 사람의 성품이 중후하고 강하며 고집을 굽히지 않는데, 월에 편관이 많아도 또한 그러하다.

壬午 庚戌 甲午 庚午 詹丞相(첨승상)
甲申 丙寅 乙卯 辛巳 史魏王(사위왕)

己巳 丁卯 丙午 壬辰 李侍正(이시정)

庚寅 壬午 戊寅 甲寅 鄭尚書(정상서)

庚辰 丙戌 戊戌 甲寅 宋尚書(송상서)

辛巳 辛丑 己卯 乙亥 范尚書(범상서)

壬申 癸丑 己丑 乙亥 兪侍郎(유시랑)

丁亥 乙未 乙巳 辛巳 劉都統(유도통)

丁巳 壬子 癸卯 己未 樓參政(루참정)

庚辰 丁亥 癸亥 己未 何判局(하판국)

已上五格皆正氣法.

이상의 다섯 격은 모두 정기법이다.

(6) 비천록마격(飛天祿馬格)

此格, 以庚壬二日, 用子字多, 衝午中丁己爲官星, 要四柱中, 有
寅字並未字或戌字 得一字可合爲妙. 如六庚日六壬日, 以子衝午,
若四柱中, 有丑字則子不能去衝矣, 歲君大運, 亦忌. 如六庚日以子,
衝午中丁火, 爲官星, 若四柱中有丁字並午字則減分數, 歲君亦忌.
如六壬日, 以子衝午中己土, 爲官星, 若四柱中有己字並午字則減
分數, 歲君大運, 亦須忌之.

이 격은 庚·壬 두 일간이 子자가 많은 것을 써서 午 중 丁己를 충
하여 정관으로 삼으니, 사주 가운데 寅자와 未자 또는 戌자 중 한 자
를 얻어 합할 수 있으면 좋다. 예컨대 여섯 庚 일간과 여섯 壬 일간은
子로 午를 충하는데 만일 사주 중에 丑자가 있으면 子가 가서 충할 수
없을 것이니, 태세와 대운에서도 또한 꺼린다. 예컨대 여섯 庚 일간은
子로 午 중의 丁火를 충하여 정관으로 삼는데 만일 사주 중에 丁자와
午자가 있으면 몫을 줄이니, 태세에서도 또한 꺼린다. 예컨대 여섯 壬
일간은 子로 午 중의 己土를 충하여 정관으로 삼는데, 만일 사주 중에
己자와 午자가 있으면 몫을 줄이니 태세와 대운에서도 또한 반드시
그것을 꺼린다.

丙子 丁酉 庚午 丙子 喬丞相(교승상)
己未 丙子 庚子 丙子 蔡貴妃(채귀비)
壬子 壬子 壬子 壬寅 橫行正使(제멋대로 행동하는 정사)

壬子 壬子 壬子 壬寅 曾尚書(증상서)

壬子 壬子 壬子 丙午 丐者(거지) 以子衝午, 不合又見午字(子로 午를 충하는데 또 午子를 보니 불합한다).

以辛癸日, 用亥字, 衝巳中丙戊爲官星, 要四柱中, 有申字並酉字 或丑字得一字可合, 爲妙. 假令六癸日, 以亥衝巳, 若四柱中, 有戊 字, 則亥不能去衝矣, 歲君大運亦忌. 如六辛日以亥, 衝巳中丙字, 爲官星, 若四柱中, 有丙字並巳字則減分數, 歲君大運, 亦忌. 運重, 太歲輕, 再見巳字則有禍矣.

辛癸 일간은 亥자를 써서 巳 중의 丙戊를 충하여 정관으로 삼으니, 사주 중에 申자와 酉자 또는 丑자 가운데 하나를 얻어서 합할 수 있으 면 좋다. 가령 여섯 癸 일간은 亥로 巳를 충하는데, 만일 사주 중에 戊 이 있으면 亥는 가서 충할 수 없을 것이니 태세와 대운에서도 또한 꺼 린다. 예컨대 여섯 辛 일간은 亥로 巳 중 丙을 충하여 정관으로 삼는 데, 만일 사주 중에 丙자와 巳자가 있으면 몫을 줄이니 태세와 대운에 서도 꺼린다. 대운은 무겁고 태세는 가벼운데 다시 巳를 보면 화가 있 을 것이다.

丁未 癸卯 癸亥 癸亥 梁丞相(양승상) 亥衝丑合(亥가 충하여 巳를 충하고 丑과 합한다)

壬申 辛亥 癸亥 壬子 曹郎中(조낭중) 亥衝丑合(亥가 충하여 巳를 충하고 申과 합한다)

(7) 도충격(倒衝格)

夫四柱中, 元無官星, 方用此格. 以丙日爲主, 用午字, 衝子中癸
水, 丙日得官星, 不論合. 若四柱中, 有未字, 則午不能去衝矣, 大忌
癸字並子字則減分數, 歲君大運, 亦然.

무릇 사주 중 원국에 정관이 없어야만 비로소 이 격을 쓴다. 丙 일
간으로 주체를 삼으면 午자를 써서 子 중 癸水를 충하여 丙 일간은
정관을 얻으며, 합을 따지지 않는다. 만일 사주 가운데 未자가 있으면
午는 충할 수 없을 것이다. 癸자와 子자가 있어서 몫을 줄이는 것을
크게 꺼리니 태세와 대운에서도 또한 그러하다.

庚寅 壬午 丙戌 戊戌 喩提擧(유제거) 月十一位强 三合有力(10월 한 자리가 강
하고 삼합이 유력하다)

丙午 庚寅 丙午 癸巳 趙知府(조지부)

以丁日, 爲主, 用巳字多, 衝亥中壬水, 爲官星, 不論合. 若四柱中
有辰字, 則巳不能去衝矣, 大忌. 四柱中, 有壬字並亥字則減分數,
歲君大運亦同, 運重, 歲君輕, 再見亥字則禍作矣.

丁 일간으로 주체를 삼고 巳자가 많은 것을 써서 亥 중의 壬水를
충하여 정관으로 삼으며 합을 따지지 않는다. 만일 사주 중에 辰자가
있으면 巳는 가서 충할 수 없을 것이니 크게 꺼린다. 사주 중 壬자와
亥자가 있으면 몫을 줄이니 태세와 대운에서도 또한 같은데, 대운은

무겁고 태세는 가벼우니 거듭 亥자를 보면 화가 생길 것이다.

　　辛酉 癸巳 乙巳 辛巳 施判院(시판원)

　　辛巳 甲午 丁未 乙巳 嶽總管(악총관)

　　癸卯 丁巳 丁巳 乙巳 項編修(항편수)

(8) 을사서귀격(乙巳鼠貴格)

如月內, 有官星則不用此格. 大怕午字衝之, 丙子時子字, 爲妙, 謂之聚貴也. 或四柱中有庚字辛字, 並申字酉字丑字, 內則有庚辛金, 則減分數, 歲君大運亦然. 又曰, 四柱中元無官星, 方用此格.

예컨대 월 안에 정관이 있으면 이 격을 쓰지 않는다. 午자가 그것을 충하는 것을 크게 꺼리는데, 丙子 시에서 子자가 묘하니, 그것을 일러 貴를 모은다고 한다. 혹 사주 중에 庚자와 辛자 및 申자, 酉자, 丑자가 있으면, 안에 즉 庚辛 金이 있으면 몫을 줄이는데, 태세와 대운에서도 또한 그러하다. 또 말하자면 사주 중 원국에 정관이 없어야 비로소 이 격을 쓴다.

甲寅 戊辰 乙亥 丙子 袁判院(원판원)

戊子 癸亥 乙未 丙子 蘇御帶(소어대)

丙午 癸巳 乙亥 丙子 丐者(거지) 只不合午字衝之(단지 午가 子를 충하는데 불합한다).

(9) 합록격(合祿格)[56]

此格, 以六戊日生人, 爲主, 以庚申時, 合卯中乙木, 戊日, 得官星. 若四柱中, 有甲乙字或丙字巳字, 刑壞了申字, 或丙字, 及傷庚字則減分數, 歲君大運亦然.

이 격은 六戊 일간으로 주체를 삼고, 庚申 時로 卯 중의 乙木을 합하면 戊日干은 官星을 얻는다. 만일 사주 중에 甲乙이나 丙·巳가 있어서 申을 형하여 파괴하고 혹 丙이 庚을 상하게 하면 몫을 줄이니 태세와 대운에서도 또한 그러하다.

壬午 己酉 戊午 庚申 史春坊(사춘방)

己未 丙子 戊戌 庚申 黃侍郞(황시랑)

雖忌丙字, 子月無丙火(비록 丙을 꺼리더라도 子월은 丙火가 없다).

壬申 辛亥 戊寅 庚申 鄭知府(정지부)

庚午 己丑 戊午 庚申 甘太尉(감태위)

丙申 庚子 戊申 庚申 李武翼(이무익)

李武翼命係是合祿, 只不合當生本命透出丙字, 在丙戌年又行乙巳運, 不合再見丙字, 降官失職. 이무익 명은 합록에 속하지만, 단지 불합하는 것은 당생 본명에 丙자가 투출된 것이며, 丙戌년에 또 乙巳 대운으로 가서 다시 丙을 보는 것도 불합이니, 관직이 강등되고 실직했다.

六癸日, 爲主, 喜逢庚申時, 用申時, 合巳中戊土, 癸日, 得官星. 若四柱中, 有戊字並巳字, 刑壞了申時, 或丙字, 及傷庚申時, 則減

---

56) 가을이나 겨울에 태어나면 묘하다(秋冬生者爲妙)

分數, 歲君大運亦然.

　여섯 癸 일간으로 주체로 삼으면 庚申 시를 만나는 것이 좋은데,
申시로 巳 중 戊土를 합하면 癸 일간은 정관을 얻기 때문이다. 만일
사주 중에 戊자와 巳자가 있어서 申 시를 형하여 파괴하거나, 혹 丙이
庚申 시를 상하게 하면 못을 줄이니, 태세와 대운도 또한 그러하다.

　癸酉 乙卯 癸丑 庚申 程同知(정동지)

　癸酉 乙卯 癸酉 庚申 徐殿院(서전원)

　乙酉 癸未 癸未 庚申 趙丞相(조승상)

　壬午 庚戌 癸丑 庚申 楊撫安(양무안)

　乙未 己卯 癸亥 庚申 桑統制(삼통제)

(10) 자요사격(子遙巳格)

此格, 以二甲子, 子內癸水, 遙合巳中戊土, 戊來動丙, 丙來, 合酉中辛金, 甲日, 得官星則巳酉丑三合. 官祿, 要行官旺鄉運, 忌四柱中, 有庚字七煞辛字官星並申酉字, 丑字, 絆住則子不能去遙矣. 若有午字衝子則減分數.

이 격은 두 甲子의 子 중 癸水로 巳 중의 戊土를 요합하여 戊가 와서 丙을 움직이면 丙이 와서 酉 중 辛金을 합하여 甲 일간이 정관을 얻으니, 즉 巳酉丑이 삼합하는 것이다. 정관의 녹은 정관이 왕성한 방향의 운으로 가야 하며, 사주 중에 庚자 칠살이나 辛자 정관 및 申酉자, 丑자가 자리를 얽매고 있으면 子는 가서 요합할 수 없을 것이다. 만일 午가 있어 子를 충하면 몫을 줄인다.

己巳 乙亥 甲子 甲子 錢丞相(전승상)

丙寅 壬辰 甲子 甲子 趙知府(조지부)

己丑 甲戌 甲子 甲子 不合丑字絆位, 所以只爲白丁(불합하는 것은 丑자가 자리를 얽매고 있는 것이니, 그래서 단지 백정이 되었다).

(11) 축요사격(丑遙巳格)

此格, 只有辛丑癸丑二日, 是也. 用丑字多, 遙巳中丙戊, 辛癸日
得官星, 丑字多爲妙. 若四柱中有子字, 絆住則丑不能去遙矣. 要四
柱中, 有申字並酉字得一字, 爲妙. 如辛丑日, 若四柱中, 有丙丁字
並巳字午字則減分數, 歲君大運亦同. 癸丑日亦不要見戊字己字巳
字午字, 又曰四柱中, 元無官星, 方用此格.

이 격은 단지 辛丑, 癸丑 두 일주만 있다는 것이 이것이다. 丑자가
많은 것을 써서 巳 중 丙戊를 요합하면 辛癸 일간은 정관을 얻으니
丑이 많으면 좋다. 만일 사주 중에 子자가 있어 자리를 얽매고 차지하
고 있으면 가서 요합할 수 없을 것이다. 사주 중에 申자와 酉자 중 하
나를 얻으면 묘하다. 예컨대 辛丑 일주는 만일 사주 중에 丙丁자와
巳자 午자가 있으면 몫을 줄이니, 태세와 대운도 또한 그러하다. 癸丑
일주는 또한 戊자, 己자, 巳자, 午자를 보지 말아야 한다. 또 말하자면
사주 중 원국에 정관이 없어야 비로소 이 격을 쓴다.

癸丑 乙丑 辛丑 戊子 鄭樞密(정추밀)
辛丑 辛丑 辛丑 庚寅 章統制(장통제)
乙丑 己丑 癸丑 乙卯 葉侍郞(엽시랑)

(12) 임기용배격(壬騎龍背格)

壬辰多者貴, 寅字多者富. 壬日, 生辰上, 以丁爲財, 以己爲官. 壬日, 以辰衝戌中丁戊, 壬辰日得財官而寅午戌三合, 或壬日至寅, 却要年月時上多聚辰字, 方可用. 若壬辰日, 有年月時上, 皆在寅字, 只爲富命, 以寅午戌, 爲財得地. 若年月時上辰字多 則衝出財官, 所以貴也.

壬 일간에게 辰이 많으면 귀하고 寅이 많으면 부유하다. 壬 일간이 辰에서 태어나면 丁으로 재를 삼고 己로 정관을 삼는다. 壬 일간은 辰으로 戌 중의 丁戊를 충하면 壬辰 일주는 재와 관을 얻는데, 寅午戌이 삼합하거나 혹 壬 일간이 寅에 이르면 도리어 연·월·시에서 辰을 많이 모아야 비로소 쓸 수 있다. 만일 壬辰 일주가 연·월·시에 모두 寅자가 있으면 단지 부유한 명이 되는데, 寅午戌로 재의 득지로 삼기 때문이다. 만일 연·월·시에 辰이 많으면 재관을 충해 나오게 하니, 따라서 귀한 것이다.

壬辰 甲辰 壬辰 壬寅 王樞密(왕추밀)
戊寅 庚申 壬辰 甲辰 諸葛判院(제갈관원)
壬寅 壬寅 壬辰 壬寅 財主巨萬(거부)

(13) 정란차격(井欄又格)

此格, 庚申庚子庚辰三處, 須要四柱中, 申子辰三位全. 不必三個
庚字, 若有三庚尤妙. 只要庚日生申年, 日時或戊子戊辰, 不妨, 但
得支申子辰全是也. 若時遇丙子則是偏官, 若時是申時則是歸祿格
而非欄又矣. 此格, 四柱中, 怕見寅字午字戌字, 則衝壞矣. 庚用丁
爲官, 以申子辰三合, 衝寅午戌火局, 庚日得官星. 行運如正氣, 若
行東方財地, 或南方皆好. 若四柱中, 有巳字丙丁字則減分數, 歲君
大運亦然.

이 격은 庚申, 庚子, 庚辰 세 곳이니 반드시 사주 중 申子辰 세 자
리가 온전해야 한다. 반드시 세 개의 庚자가 있을 필요는 없는데, 만
일 세 개의 庚이 있으면 더욱 좋다. 단지 庚 일간은 申년에 태어나야
만 하는데, 일시가 혹 戊子, 戊辰이라도 무방하지만 단 지지에서 申
子辰을 얻어 온전해야 한다. 만일 시에서 丙子를 만나면 편관격이 되
고, 만일 申시이면 귀록격이 되며 정란차격은 아닐 것이다. 이 격은
사주 중에서 寅자, 午자, 戌자를 보는 것을 두려워하는데, 즉 충하여
파괴하기 때문이다. 庚은 丁으로 정관을 삼는데, 申子辰 삼합으로 寅
午戌 火국을 충하면 庚 일간은 정관을 얻는다. 행운이 正氣와 같거나
만일 동방 재의 지지 또는 남방으로 가면 모두 좋다. 만일 사주 중에
巳자와 丙丁자가 있으면 몫을 줄이니, 태세와 대운도 또한 그러하다.

戊申 庚申 庚申 庚辰 郭統制(곽통제)

癸巳 庚申 庚子 庚辰 標背魏待詔(표배위 대조)

不合有癸巳, 不貴(불합하는 것은 癸巳가 있는 것이니, 귀하지 않다).

庚子 庚辰 庚申 壬午 宋大夫(송대부)

宋大夫命, 不合, 實子午字, 運行至午, 罷請失職, 喪妻失子(송대부의 명이 불합하는 것은 子·午자가 채워진 것이니, 대운이 午에 이르러 과직을 청하여 실직하였으며 처도 죽고 자식도 잃었다).

(14) 귀록격(歸祿格)[57]

此格假令六甲日生人, 得寅時, 謂之歸祿. 蓋甲祿在寅, 餘皆仿此. 但不要四柱中, 見官星七煞, 則難歸祿矣, 歲運亦然.

이 격은 가령 여섯 甲 일간이 寅時를 얻으면 그것을 일러 귀록이라고 한다. 대개 甲의 녹은 寅에 있으니 나머지도 모두 이에 따른다. 단 사주 중 정관이나 칠살을 보면 안 되니, 즉 귀록격이 되기 어려울 것이며, 태세와 대운도 또한 그러하다.

丙午 癸巳 甲子 丙寅 錢參政(전참정)
戊子 甲寅 乙亥 己卯 林樞密(임추밀)
甲午 甲戌 丁未 丙午 李常博(이상박)

---

57) 일간이 왕성한 운으로 가야 하는데, 또 식신, 상관, 재운으로 가도 발복할 수 있으나, 충을 두려워한다(要行身旺運, 兼行食神傷官財運, 亦可發福, 怕衝).

(15) 육음조양격(六陰朝陽格)[58]

此格, 以六辛日爲主, 用丙火爲正官. 喜逢戊土, 戊來動丙, 辛日
得官星. 子字則要一位, 多不中. 若四柱中, 有丙字丁字巳字午字則
衝子不中, 則減分數, 歲君大運, 亦同.

이 격은 여섯 辛 일간으로 주체를 삼으며, 丙火로 정관을 삼는다.
戊土를 만나는 것이 좋고, 戊가 와서 丙을 움직이면 辛 일간은 정관
을 얻는다. 子자는 즉 한 자리만 있어야 하는데, 많으면 적합하지 않
다. 만일 사주 중에 丙자, 丁자, 巳자, 午자가 있으면 子를 충하는 것
이 적합하지 않아서 몫을 줄이니, 태세와 대운도 또한 같다.

戊辰 辛酉 辛酉 戊子 張知院(장지원)

戊辰 辛酉 辛丑 戊子 步司西王太尉(보사서왕태위)

乙丑 庚辰 辛酉 戊子 硬揚太尉(경양태위)

---

58) 서방으로 가면 제일이고 동남방은 두 번째이며 남방은 보통이고 북방은 매우 꺼릴 것이
다(要行西方第一, 東南第二, 南方平平, 北方大忌矣).

(16) 형합격(刑合格)

此格以六癸日生人, 爲主星, 用戊土爲正氣官星. 喜逢甲寅時, 用刑巳中戊土, 癸日得官星. 如庚寅, 刑不成, 惟甲寅時是. 行運, 與飛天祿同. 若四柱中, 有戊字·己字, 則減分數. 又怕庚寅傷甲字, 刑壞了, 忌申字, 則減分數. 歲君大運亦忌.

이 격은 여섯 癸 일간이 주인별이 되는데, 戊土로 정기 정관을 삼는다. 甲寅 시를 만나는 것이 좋은데, 巳 중의 戊土로 刑하면 癸 일간은 정관을 얻는다. 예컨대 庚寅은 형이 이루어지지 않으니, 오직 甲寅 시만 형이 된다. 행하는 운은 비천녹마격과 같다. 만일 사주 가운데 戊자, 己자가 있으면 몫을 줄인다. 또한 庚寅이 甲자를 상하게 하여 형이 파괴되는 것을 두려워하며, 申자를 꺼리는데, 즉 몫을 줄이기 때문이다. 태세와 대운에서도 또한 꺼린다.

乙未 癸未 癸亥 甲寅 十二使(12 절도사)

丁亥 癸卯 癸卯 甲寅 沈路分(심로분)

甲戌 甲戌 癸酉 甲寅 陳侍郎(진시랑)

庚午 甲申 癸卯 甲寅 方幹辨(방간변)

方幹辨命不合年上庚字, 刑不起官星, 只作自身人(방간변의 명이 불합하는 것은 연의 庚이며, 정관을 형할 수 없어서 단지 평민이 되었다).

(17) 공록격(拱祿格)

此格只有五日五時. 見上卷該載, 大忌塡實, 最怕衝了日時拱位. 又怕四柱中有傷日於七殺. 皆拱不住 則減分數, 歲君大運亦然.

이 격은 다섯 일주와 다섯 시만 있다. 상권에 기재된 것을 보면, 채워진 것을 크게 꺼리고, 일과 시의 끼우는 자리를 충하는 것을 가장 두려워한다. 또한 사주 중에서 일간이 칠살에게 다치는 것을 꺼린다. 모두 끼우지 못하면 몫을 줄이니, 태세와 대운도 또한 그러하다.

癸卯 癸亥 戊辰 戊午 劉知府(유지부)

壬子 丁未 丁巳 丁未 唐宮幹(당궁간)

唐宮幹命不合子衝午, 作白身人(당나라 궁간의 명이 불합하는 것은 子가 午를 충하는 것이니, 따라서 평민이 되었다).

(18) 공귀격(拱貴格)

夫拱貴者, 大忌塡實貴位, 最怕刑衝了日時拱位. 又怕四柱中, 有
官星衝身七煞之類. 皆拱不住, 則減分數, 歲君大運亦然.

무릇 공귀라는 것은 귀의 자리를 채우는 것을 매우 꺼리고, 일과 시
의 끼우는 자리를 형충하는 것을 가장 두려워한다. 또한 사주 가운데
정관이 있는데 일간을 충하는 칠살같은 종류를 두려워한다. 모두 맞
잡고 끼우지 못하면 몫을 줄이니, 태세와 대운도 또한 그러하다.

丁巳 丙午 甲寅 甲子 熊少中(웅소중)

辛丑 辛丑 甲寅 甲子 范都事(범도사)

范都事命不合實子丑字, 是爲白身人(범도사의 명이 불합하는 것은 子丑자가 채워진 것이니, 따라
서 평민이 되었다).

(19) 인수격(印綬格)

此格大要生旺, 忌死絕, 要四柱中, 有官星, 爲妙. 若年月日時中, 爲印綬, 月上, 最緊. 喜行官鄕運, 便發, 行印綬鄕, 亦發, 不要見財.

이 격은 대체로 생왕해야 하고 사절을 꺼리며 사주 중에 정관이 있어야 묘하다. 만일 연월일시 중에서 인수가 되더라도 월이 가장 긴요하다. 운이 정관의 방향으로 가는 것이 좋은데 곧 발하니, 인수의 방향으로 가도 또한 발한다. 재를 보면 안 된다.

乙亥 戊子 甲寅 甲子 趙知府(조지부)
辛酉 丙申 壬申 辛亥 王侍郞(왕시랑)
庚寅 乙酉 癸亥 丙辰 牛監簿(우감부)

(20) 잡기인수격(雜氣印綬格)[59]

葛待詔係, 賣玳瑁梳兒. 此命是雜氣中月令, 透出丙丁火, 爲印綬,
只不合, 日時下, 有癸水財. 行亥子丑運, 不如意, 在寅卯運中, 發數
千緡. 入壬辰運, 六年不遂, 交第七年, 歲在戊子年, 二月二十八日
壬戌日, 不祿. 正乃是貪財壞印也, 不可不仔細推之.

갈대조는 아이들에게 대모와 빗을 판 경우에 해당한다. 이 명은 잡
기 중 월령에서 丙丁火가 드러나 인수격이 되었는데, 단지 불합하는
것은 일과 시에 癸水 재가 있는 것이다. 亥子丑 대운에 가서 뜻대로
되지 않았지만 寅卯 대운 중에는 수천의 돈 꾸러미를 벌었다. 壬辰 대
운에 들어가 6년간 이루지 못하다가 7년째 태세 戊子년 2월 28일 壬
戌일에 죽었다. 바로 재를 탐하여 인수를 파괴한 것이니, 자세히 추론
하지 않으면 안 된다.

辛未 壬辰 甲辰 乙亥 沈尙書(심상서)
壬申 庚戌 庚戌 戊寅 黃運使(황운사)
丁丑 癸丑 辛卯 戊子 鄭安撫(정안무)
庚寅 己丑 壬寅 辛丑 周宗簿(주종부)
丙寅 辛丑 癸巳 癸亥 呂寺丞(여사승)
庚寅 丙戌 戊子 癸丑 葛待詔(갈대조)

---

59) 곧 진술축미 월이니, 또한 재를 두려워하고, 정관의 방향으로 가야 한다(乃辰戌丑未月
也, 亦畏財, 要行官鄕).

蓋人之生, 感天地之化, 孕陰陽之秀, 首繫乎性命. 因性而有命, 因命而有九五福. 故曰是有命焉. 命之生也, 必有日月之主者寄干時. 列乎天元爲十干, 列乎地元爲十二支, 布乎納音爲五行, 是謂三命之書. 惟唐韓昌黎文公序御士李虛中, 以日爲主, 言人禍福, 不惑者信矣. 夫由是徐子平之術得其正傳, 名重朝野, 耳目之及, 無不欽敬. 斯書十有八格, 法易十有八變而成卦體, 春秋十八占之辭也. 東齋徐公發揮奧旨, 鋟梓以廣其傳, 余愛是術, 猶飮醇醑不覺醉. 相春風和氣之日, 寶祐字元良月望日, 錢塘子錢芝翁謹跋.

대개 사람이 태어나는 것은 천지의 조화에 감응하여 음양의 빼어남을 잉태하는 것이며 가장 먼저 본성과 명에 달려 있다. 본성에 따라 명이 있게 되고, 명에 따라 아홉 번째의 오복[60]이 있게 되니, 따라서 이르기를 명이 오복에 있다고 하는 것이다. 명이 생기면 반드시 일과 월이 주가 되고 때에 맞게 조화를 추구하여야 한다. 천간에 늘어놓으면 십간이 되고, 지지에 늘어놓으면 십이지가 되며, 납음에 펴면 오행이 되니 이것을 삼명의 책이라고 한다. 오직 당의 한창려 문공은 어사 이허중에 대해 열거하기를, 일로 주체를 삼아 사람의 화복을 말했는데, 미혹하지 않은 사람은 믿을 것이라고 했다. 무릇 이로부터 서자평의

---

[60] 즉 壽(장수), 富(부유), 康寧(건강), 攸好德(덕을 닦고 좋아하는 것), 考終命(명대로 살다가 편히 죽는 것)을 말한다.

술수가 올바른 傳을 얻으니, 그 이름이 조정과 재야에서 중요하게 되었으며, 그것을 듣고 보면 흠모하고 공경하지 않을 수 없었다. 이 책에는 18격이 있는데, 『주역』에서 18변으로써 괘체를 만든 것을 본떴는데, 『춘추』라는 책도 18점사를 말하는 것이다. 동재 서공께서 심오한 취지를 발휘하고 목판에 새겨 그 전을 널리 알리니, 내가 이 술수를 좋아하는 것은 마치 좋은 술을 마시고 취하지 않고 봄바람이 따뜻한 날을 보는 것과 같다.

보우 원년[61] 시월[62] 보름날 전당자 전지옹이 삼가 발문을 쓰다.

---

61) 보우 원년은 1253년이다.
62) 良月은 음력 10월의 다른 이름이다.

참고문헌

1. 原典

『經書』, 成均館大 大東文化研究院, 1992.

『十三經注疏』, 藝文印書館, 1955.

『春秋左氏傳』, 學民文化社, 2000.

『老子校釋』, 中華書局, 1987.

『論衡注釋』, 中華書局, 1979.

『晉書』「郭璞傳」, 中华书局, 1974.

『莊子』, 上海古籍出版社, 1989.

『四書集註』, 中華書局, 2005.

『尙書』, 成均館大學校出版部, 2005.

『韓非子』, 北京聯合出版公司, 2015.

『春秋繁露』, 中華書局, 1985.

『白虎通義』, 北京, 中國書店, 2018.

『五行大義』, 『中國哲學書電子化計劃』所收.

『史記』, 『中國哲學書電子化計劃』所收.

『漢書』, 「藝文志」, 『中國哲學書電子化計劃』所收.

『晉書』, 「郭璞列傳」, 『中國哲學書電子化計劃』所收.

『北史』, 「列傳」, 『中國哲學書電子化計劃』所收.

『舊唐書』, 『中國哲學書電子化計劃』所收.

『京氏易傳』, 文淵閣『四庫全書』電子版 所收, 上海人民出版社, 1986.

『玉照定眞經』, 文淵閣『四庫全書』電子版 所收, 上海人民出版社, 1986.

『李虛中命書』, 文淵閣『四庫全書』電子版 所收, 上海人民出版社, 1986.

『珞琭子賦註』, 文淵閣『四庫全書』電子版 所收, 上海人民出版社, 1986.

『玉照神應眞經』, 『中國哲學書電子化計劃』所收.

『珞琭子三命消息賦註』, 文淵閣『四庫全書』電子版 所收, 上海人民出版社, 1986.

『子平三命通變淵源』, 서울대학교 奎章閣 所藏.

2. 單行本

강진석,『체용철학』, 서울, 도서출판 문사철, 2011.

김일권,『동양 천문사상 하늘의 역사』, 서울, 예문서원, 2007.

김근 역,『여씨춘추』, 서울, 글항아리, 2012.

김만태,『한국사주명리 연구』, 서울, 민속원, 2011.

김백현,『중국철학사상사』, 서울, 차이나하우스, 2006.

김필수·고대혁·장승구·신창호,『관자』, 서울, 소나무, 2006.

김향배,『노자철학 이해』, 서울, 예문서원, 2006.

勞思光 著, 정인재 譯,『中國哲學史』, 서울, 탐구당, 1988

동양고전연구회 역주,『論語』, 서울, 민음사, 2016.

동양고전연구회 역주,『孟子』, 서울, 민음사, 2016.

동양고전연구회 역주,『中庸』, 서울, 민음사, 2016.

萬民英,『三命通會』, 臺北, 武陵出版有限公司, 2011.

墨翟 著, 윤무학 譯,『묵자 II』, 서울, 도서출판 길, 2015.

沈孝瞻 著, 徐樂吾 評註, 박영창 譯,『子平眞詮評註』, 서울, 청학출판사, 2007.

沈孝瞻 著, 徐樂吾 評註,『子平眞詮評註』, 臺北, 武陵出版有限公司, 2012.

任鐵樵,『滴天髓闡微』, 臺北, 武陵出版有限公司, 2008.

陸致極,『中國命理學史論』, 上海, 上海人民出版社, 2008.

윤무학,『中國哲學方法論』, 서울, 도서출판 한울, 1999.

윤무학,『荀子 통일제국을 위한 비판철학자』, 서울, 성균관대학교 출판부, 2005.

윤무학,『荀子 하나, 둘, 셋의 비밀』, 서울, 살림출판사, 2013.

이기동,『莊子 內篇』, 서울, 동인서원, 2015.

이석명,『노자 도덕경 하상공 장구』, 서울, 소명출판, 2005

이세열 역,『漢書藝文志』, 서울, 자유문고, 2005.

이운구,『中國의 批判思想』, 서울, 여강출판사, 1987

이운구,『동아시아 비판 사상의 뿌리』, 서울, 도서출판 길, 2004.

이운구, 윤무학,『墨家哲學硏究』, 서울, 성균관대 대동문화연구원, 1995

이운구 역,『墨子』, 서울, 도서출판 길, 2012.

이운구 역,『荀子』, 서울, 한길사, 2006.

이주행 역,『論衡』, 서울, 소나무, 1987.

이현종,『東洋年表』, 서울, 탐구당, 2008.

정영호 역,『呂氏春秋十二紀』, 서울, 자유문고, 2006.

정태현 역,『春秋左氏傳』, 서울, 전통문화연구회, 2001.

조셉 니이담, 이석호 외 譯,『中國의 科學과 文明Ⅱ』, 서울, 을유문화사, 1993.

陳素庵,『精選命理約言』, 臺中, 瑞成書局, 2004.

최정준,『주역개설』, 서울, 비움과소통, 2014.

洪丕謨 외, 문재곤 譯,『時의 철학』, 서울, 예문지, 1988.

3. 論文

桂羅敏,「災異與秩序」, 上海大學 博士學位論文, 2012.

김남석,「『자평진전』의 격국·용신 변화에 관한 연구」, 대구한의대학교 박사학위
　　논문, 2018.

김만태,「한국사주명리의 활용양상과 인식체계」, 안동대학교대학원 박사학위논
　　문, 2010.

김만태,「조선조 命課學 試取書『徐子平』에 관한 연구」,『장서각』제28집, 한국
　　학중앙연구원, 2012.

김만태,「사시·월령의 명리학적 수용에 관한 고찰」,『동양학』제67집, 동양학연
　　구원, 2017.

김면수,「명리원전『子平三命通變淵源』연구, 동방문화대학원대학교 박사학위
　　논문, 2018.

김미정,「『子平眞詮』의 격국 연구」, 대구한의대학교 박사학위논문, 2018.

김준호,「日干 중심의 用神과『子平眞詮』의 格局用神에 관한 연구, 대구한의대
　　학교 박사학위논문, 2018.

董向慧,「徐子平與子平術考證」,『歷史研究』2期, 山東社会科學院, 2011.

杜曉靜,「宋代術數文獻研究」, 東北師範大學 碩士學位論文, 2013.

蘭硬耀,「『莊子』命的道德哲學研究」, 東南大學 博士學位論文, 2015.

樂愛國,「『管子』的陰陽五行說與自然科學」,『管子學刊』3期, 山東理工大学
　　齐文化研究院, 1994.

樂愛國,「『管子』與『禮記·月令』科學思想之比較」,『管子學刊』2期, 山東理工
　　大学齐文化研究院, 2005.

白奚,「中國古代陰陽與五行說的合流」,『中國社會科學』5期, 中國社會科學,

1997.

서소옥, 「陳素庵『命理約言』의 命理 理論 硏究」, 원광대학교 대학원 박사학위
논문, 2018.

石磊, 「先秦至漢儒家天論新探」, 上海師範大學 博士學位論文, 2012.

송재호, 「『자평진전』 격국형성 원리 연구」, 『한국命과학연구』 제9집, 太乙, 2017.

孫秀偉, 「董仲舒天人感應論與漢代的天人問題」, 陝西師範大學 博士學位論
文, 2010.

신영호, 김만태, 「중국 命理原典『命理約言』고찰」, 『중국학』 제58집, 2017.

申鎭植, 「『呂氏春秋』思想硏究」, 北京大學校 博士學位論文, 2005.

沈劍英, 「論呂才的邏輯思想」, 『學術月刊』, 7期, 上海市社会科学界联合会,
1987.

楊麗, 「王充『論衡』之術數觀探析」, 福建師範大學 碩士學位論文, 2014.

王雪, 「『淮南子』哲學思想硏究」, 西北大學 博士論文, 2005.

王永寬, 解少華, 「鬼谷子生平事跡新探」, 『黃河科技大學學報』 5期, 黃河科技
大學, 2009.

王易萍, 梁欽佳, 「中國古代算命術探析」, 『玉林師範學院學報』 1期, 玉林師範
學院, 2009.

王逸之, 王興鋒, 「五行與術數」, 『邢台學院學報』 1期, 邢台學院, 2011.

王逸之, 「陰陽五行與隋唐術數硏究」, 陝西師範大學 碩士學位論文, 2012.

王曉毅, 「王充的命理學體系」, 『孔子硏究』 6期, 中国孔子基金会, 2001.

李廉, 「漢唐以來算命術之誤入歧途」, 『江蘇社會科學』 2期, 江苏省哲学社会
科学界联合会, 1992.

李富祥, 「王充『論衡』的命理學思想新探」, 浙江師範大學 碩士學位論文, 2013.

윤무학, 「天人관계를 통해 본 本原儒敎에서의 禮와 法」, 『유교문화연구』 제2
집, 2000.

윤무학 외, 「墨家의 음양오행론」, 「한국철학논집」 제38집, 한국철학사연구회,
2013.

윤무학, 「『呂氏春秋』의 雜家的 性格」, 『首善論集』 제15집, 성균관대학교대학
원, 2002.

이명재, 「中國 古代 命理學의 淵源과 體系」, 동방문화대학원대학교 박사학위논
문, 2018.

이명재, 「徐子平의 命理思想 연구」, 『중국학연구』 제66집, 중국학연구회, 2013.

이명재, 「『管子』의 陰陽五行論」, 『東洋學』 제69집, 東洋學研究院, 2017.

이명재, 「『玉照定眞經』의 知命體系」, 『東洋文化研究』 제38집, 중국문화연구학회, 2017.

이명재, 「戰國時代의 陰陽五行論」, 『東方文化와 思想』 제3집, 동양학연구소, 2017.

이명재, 「子平命理學의 知命體系 考察」, 『東方文化와 思想』 제4집, 동양학연구소, 2018.

이명재, 「子平命理學의 육친론 고찰」, 『중국인문과학』 제80집, 중국인문학회, 2022.

이명재, 「『자평진전』의 용신 고찰」, 『東方文化와 思想』 제12집, 동양학연구소, 2022.

이석명, 「『여씨춘추』 제자동기의 정치철학과 시령사상」, 『중국학보』 65집, 한국중국학회, 2012.

이석명, 「『淮南子』의 時令사상과 음양오행론」, 『대동문화연구』 70집, 대동문화연구원, 2010.

이수동, 「『자평진전』 격국·용신의 부귀론 연구, 『東方文化와 思想』 제9집, 동양학연구소, 2020.

조주은·윤무학, 「『呂氏春秋』에서의 陰陽과 五行의 結合」, 『한국철학논집』 42, 2014.

藏明, 「五德終始說的形成與演變」, 西北大學 博士學位論文, 2012.

張新智, 「子平學之理論研究」, 臺灣國立政治大學 博士學位論文, 2002.

張新智, 「子平命學溯源－唐宋命學要籍考辨」, 『弘光人文社會學報』 14, 2011.

張海英, 「先秦道家天命鬼神思想 研究」, 湖南大學 博士學位論文, 2012.

程佩, 「宋代古法時期命理文獻中正五行考察」, 『湖北民族學院報』 2期, 湖北民族学院, 2013.

朱山, 「命理哲學 批判」, 『上海社會科學院學術季刊』 1期, 上海社会科学院, 1995.

池方興, 「『管子』研究」, 西北師範大學 博士學位論文, 2003.

彭華, 『陰陽五行研究』, 華東師範大學 博士學位論文, 2004.

최진묵, 「漢代 數術學에 관한 연구」, 서울대학교 대학원 문학박사학위논문, 2002.

4. 인터넷 자료 사이트

http:///www.nanet.go.kr(국회전자도서관)

http://www.riss.kr(한국교육학술정보원)

http://www.kci.go.kr/kciportal/main.kci(한국학술지인용색인)

http://ctext.org/zh(中國哲學書電子化計劃)

http://www.cnki.net(中國知網)

http://www.airiti library.comt(華藝線上圖書館)

https://www.zdic.net/(漢典)

https://www.baidu.com/(바이두)

https://www.google.com/(구글)

https://www.daum.net/(다음)

https://www.naver.com/(네이버)